大方廣佛華嚴經

일러두기

1. 『대방광불화엄경 강설』 원문原文의 저본底本은 근세에 교정이 가장 잘 되었다고 정평이 나 있는 대만臺灣의 불타교육기금회佛陀教育基金會에서 출판한 『화엄경소초華嚴經疏鈔』본입니다.

2. 『대방광불화엄경 강설』은 실차난타實叉難陀가 695년부터 699년까지 4년에 걸쳐 번역해 낸 80권본卷本 『대방광불화엄경』을 우리말로 옮기고 강설을 붙인 것입니다.

3. 『대방광불화엄경』은 애초 산스크리트에서 한역漢譯된 경전이지만 현재 산스크리트본은 소실된 상태입니다. 산스크리트를 음차한 경우 굳이 원래 소리를 표기하려고 하기보다는 『표준국어대사전』이나 『불교사전』 등에 등재된 한자음을 사용하는 것을 원칙으로 하였습니다.

4. 경문의 한글 번역은 동국역경원본을 참고하여 그대로 또는 첨삭을 하며 의미대로 번역하고 다듬었습니다.

5. 각 품마다 내용에 따라 단락을 나누고 제목을 달았습니다. 단락의 제목은 주로 청량淸涼스님의 견해에 기초하였고 이통현李通玄장자의 견해를 참고로 하였습니다.

6. 『대방광불화엄경 강설』의 발행 순서는 한역 경전의 편재 순서를 기준으로 하였고 각 권은 단행본 한 권씩으로 출간될 예정이며 모두 80권으로 완간됩니다. 다만 80권본에 빠져 있는 「보현행원품」은 80권본 완역 및 강설 후 시리즈에 포함돼 추가될 예정입니다.

7. 『대방광불화엄경 강설』 안에서 불교용어를 풀이한 것은 운허스님이 저술하고 동국역경원에서 편찬한 『불교사전』을 인용하였습니다.

8. 각주의 청량스님의 소疏는 대만에서 입력한 大方廣佛華嚴經 사이트의 것을 사용하였습니다.

9. 『대방광불화엄경 강설』 입법계품에 들어가는 문수지남도는 북송北宋시대 불국佛國선사가 선재동자가 53명의 선지식을 친견하여 법을 구하는 장면을 하나하나 그림으로 그린 것입니다.

대방광불화엄경 강설
제 74 권

三十九. 입법계품入法界品 15

실차난타實叉難陀 한역
무비스님 강설

서문

가장 높고 때가 없이 청정한 마음
일체 부처님을 친견하기 싫은 줄 몰라
오는 세월 끝나도록 항상 공양하기 원하나니
이것은 지혜 밝은 이의 태어나는 장藏입니다.

일체 세 세상의 국토 가운데
살고 있는 중생들과 모든 부처님
제도하고 받들기를 항상 원하나니
이것은 부사의한 이의 태어나는 장입니다.

법문 듣기를 싫어하지 않고 관찰하기 좋아해
세 세상에 두루 하여 걸림 없으며
몸과 마음 청정하기 허공과 같나니
이것은 소문난 이의 태어나는 장입니다.

그 마음은 큰 자비의 바다에 항상 머물고
견고하기로는 금강과 같고 보석산 같아
일체종지一切種智의 문을 통달했으니
이것은 가장 수승한 이의 태어나는 장입니다.

크게 인자함이 모든 이를 두루 덮고
묘한 행은 모든 바라밀 바다를 항상 증장하여
법의 광명으로 모든 중생 두루 비추니
이것은 용맹한 이의 태어나는 장입니다.

법의 성품 통달하여 마음은 걸림이 없고
삼세의 모든 부처님들 가문에 태어나서
시방의 법계 바다에 널리 들어가니
이것은 밝은 지혜 있는 이의 태어나는 장입니다.

법의 몸 청정하고 마음은 걸림이 없어
시방의 모든 국토에 널리 나아가
모든 부처님의 힘 다 이루나니
이것은 헤아릴 수 없는 이의 태어나는 장입니다.

깊은 지혜에 들어가 이미 자재하였고
모든 삼매도 또한 다 완성하였으며
일체 지혜의 진실한 문 다 보았으니
이것은 참몸[眞身] 가진 이의 태어나는 장입니다.

일체 모든 국토 잘 다스리고
중생 교화하는 법을 부지런히 닦아
여래의 자재한 힘 나타내나니
이것은 큰 이름 떨친 이의 태어나는 장입니다.

오랫동안 일체 지혜 닦아 행하고

여래의 높은 지위에 빨리 들어가

법계를 밝게 알아 걸림 없나니

이것은 모든 불자들이 태어나는 장입니다.

2017년 11월 15일

신라 화엄종찰 금정산 범어사

如天 無比

대방광불화엄경 목차

제1권	1. 세주묘엄품世主妙嚴品 [1]	제18권	18. 명법품明法品
제2권	1. 세주묘엄품世主妙嚴品 [2]	제19권	19. 승야마천궁품昇夜摩天宮品
제3권	1. 세주묘엄품世主妙嚴品 [3]		20. 야마천궁게찬품夜摩天宮偈讚品
제4권	1. 세주묘엄품世主妙嚴品 [4]		21. 십행품十行品 [1]
제5권	1. 세주묘엄품世主妙嚴品 [5]	제20권	21. 십행품十行品 [2]
제6권	2. 여래현상품如來現相品	제21권	22. 십무진장품十無盡藏品
제7권	3. 보현삼매품普賢三昧品	제22권	23. 승도솔천궁품昇兜率天宮品
	4. 세계성취품世界成就品	제23권	24. 도솔궁중게찬품兜率宮中偈讚品
제8권	5. 화장세계품華藏世界品 [1]		25. 십회향품十廻向品 [1]
제9권	5. 화장세계품華藏世界品 [2]	제24권	25. 십회향품十廻向品 [2]
제10권	5. 화장세계품華藏世界品 [3]	제25권	25. 십회향품十廻向品 [3]
제11권	6. 비로자나품毘盧遮那品	제26권	25. 십회향품十廻向品 [4]
제12권	7. 여래명호품如來名號品	제27권	25. 십회향품十廻向品 [5]
	8. 사성제품四聖諦品	제28권	25. 십회향품十廻向品 [6]
제13권	9. 광명각품光明覺品	제29권	25. 십회향품十廻向品 [7]
	10. 보살문명품菩薩問明品	제30권	25. 십회향품十廻向品 [8]
제14권	11. 정행품淨行品	제31권	25. 십회향품十廻向品 [9]
	12. 현수품賢首品 [1]	제32권	25. 십회향품十廻向品 [10]
제15권	12. 현수품賢首品 [2]	제33권	25. 십회향품十廻向品 [11]
제16권	13. 승수미산정품昇須彌山頂品	제34권	26. 십지품十地品 [1]
	14. 수미정상게찬품須彌頂上偈讚品	제35권	26. 십지품十地品 [2]
	15. 십주품十住品	제36권	26. 십지품十地品 [3]
제17권	16. 범행품梵行品	제37권	26. 십지품十地品 [4]
	17. 초발심공덕품初發心功德品	제38권	26. 십지품十地品 [5]

제39권	26. 십지품十地品 [6]		제58권	38. 이세간품離世間品 [6]
제40권	27. 십정품十定品 [1]		제59권	38. 이세간품離世間品 [7]
제41권	27. 십정품十定品 [2]		제60권	39. 입법계품入法界品 [1]
제42권	27. 십정품十定品 [3]		제61권	39. 입법계품入法界品 [2]
제43권	27. 십정품十定品 [4]		제62권	39. 입법계품入法界品 [3]
제44권	28. 십통품十通品		제63권	39. 입법계품入法界品 [4]
	29. 십인품十忍品		제64권	39. 입법계품入法界品 [5]
제45권	30. 아승지품阿僧祇品		제65권	39. 입법계품入法界品 [6]
	31. 여래수량품如來壽量品		제66권	39. 입법계품入法界品 [7]
	32. 보살주처품菩薩住處品		제67권	39. 입법계품入法界品 [8]
제46권	33. 불부사의법품佛不思議法品 [1]		제68권	39. 입법계품入法界品 [9]
제47권	33. 불부사의법품佛不思議法品 [2]		제69권	39. 입법계품入法界品 [10]
제48권	34. 여래십신상해품如來十身相海品		제70권	39. 입법계품入法界品 [11]
	35. 여래수호광명공덕품 如來隨好光明功德品		제71권	39. 입법계품入法界品 [12]
			제72권	39. 입법계품入法界品 [13]
제49권	36. 보현행품普賢行品		제73권	39. 입법계품入法界品 [14]
제50권	37. 여래출현품如來出現品 [1]		**제74권**	**39. 입법계품入法界品 [15]**
제51권	37. 여래출현품如來出現品 [2]		제75권	39. 입법계품入法界品 [16]
제52권	37. 여래출현품如來出現品 [3]		제76권	39. 입법계품入法界品 [17]
제53권	38. 이세간품離世間品 [1]		제77권	39. 입법계품入法界品 [18]
제54권	38. 이세간품離世間品 [2]		제78권	39. 입법계품入法界品 [19]
제55권	38. 이세간품離世間品 [3]		제79권	39. 입법계품入法界品 [20]
제56권	38. 이세간품離世間品 [4]		제80권	39. 입법계품入法界品 [21]
제57권	38. 이세간품離世間品 [5]		제81권	40. 보현행원품普賢行願品

대방광불화엄경 강설 제74권

三十九. 입법계품 入法界品 15

【 지말법회의 53선지식 】

【 십지위 선지식 】

40. 람비니림신 ·· 15

  1) 람비니 숲의 신을 뵙고 법을 묻다 ················· 15

    (1) 가르침에 의지하여 선지식을 찾다 ············· 15

    (2) 공경을 나타내고 법을 묻다 ······················ 16

  2) 람비니 묘덕신이 법을 설하다 ······················ 19

    (1) 보살의 수생장의 뜻을 설하다 ··················· 19

    (2) 열 가지 수생장의 이름을 열거하다 ············ 22

      1〉 제1 모든 부처님께 항상 공양하기를 서원하는 수생장 ··· 23

      2〉 제2 보리심을 발하는 수생장 ···················· 25

      3〉 제3 모든 법문을 관하고 수행하는 수생장 ·········· 28

4〉 제4 청정한 마음으로 세상을 비추는 수생장 ············ 31

　　5〉 제5 평등한 광명의 수생장 ································· 33

　　6〉 제6 여래의 가문에 나게 되는 수생장 ················· 35

　　7〉 제7 부처님 힘의 광명 수생장 ···························· 37

　　8〉 제8 넓은 지혜를 관찰하는 수생장 ······················ 39

　　9〉 제9 장엄을 널리 나타내는 수생장 ······················ 41

　　10〉 제10 여래의 지위에 들어가는 수생장 ··············· 43

　(3) 수승한 이익을 찬탄하다 ·· 45

　(4) 람비니림신이 게송으로 그 뜻을 거듭 밝히다 ············ 48

　(5) 해탈문의 경계를 말하다 ·· 55

　　1〉 원력에 의지하여 태어나다 ··································· 55

　　2〉 람비니 동산의 열 가지 상서 ································ 57

　　3〉 마야부인이 동산에 오실 때의 열 가지 광명 ········· 64

　　4〉 보살이 탄생하려 할 때의 열 가지 신통변화 ········· 67

　　5〉 보살의 탄생을 밝히다 ·· 85

　　6〉 해탈의 근원을 밝히다 ·· 89

　　7〉 람비니림신이 그 뜻을 게송으로 거듭 펴다 ·········· 96

3) 자기는 겸손하고 다른 이의 수승함을 추천하다 ············· 110

4) 다음 선지식 찾기를 권유하다 ·· 112

대방광불화엄경 강설

제74권

三十九. 입법계품 15

문수지남도 제40, 선재동자가 람비니림신을 친견하다.

40. 람비니림신嵐毘尼林神

제9 선혜지善慧地 선지식

1) 람비니 숲의 신을 뵙고 법을 묻다

(1) 가르침에 의지하여 선지식을 찾다

이시 선재동자 어대원정진력구호일체중
爾時에 **善財童子**가 **於大願精進力救護一切衆**

생야신소 득보살해탈이 억념수습 요달
生夜神所에 **得菩薩解脫已**에 **憶念修習**하며 **了達**

증장 점차유행 지람비니림 주변심멱
增長하고 **漸次遊行**하야 **至嵐毘尼林**하야 **周徧尋覓**

피묘덕신
彼妙德神하니라

그때에 선재동자는 대원정진력구호일체중생야신大願
精進力救護一切衆生夜神에게서 보살의 해탈을 얻고는 생각하고 닦으며, 분명히 알고 정진하면서 점점 나아가다가 람비니 숲에 이르러 저 묘덕신妙德神을 두루 찾았습니다.

람비니림신嵐毘尼林神은 싯다르타 태자가 태어난 룸비니 동산을 맡아서 살피고 보호하는 신인데 이름이 묘덕신妙德神이다. 역사적인 석가모니 부처님과 매우 인연이 깊은 신이다. 그래서 앞의 선지식은 이 묘덕신을 추천하였으며 선재동자는 비로소 찾아온 것이다.

(2) 공경을 나타내고 법을 묻다

見在一切寶樹莊嚴樓閣中하야 坐寶蓮華獅子之座하사 二十億那由他諸天이 恭敬圍繞어든 爲說菩薩受生海經하사 令其皆得生如來家하야 增長菩薩大功德海하고

그는 온갖 보배 나무로 장엄한 누각 가운데서 보배 연꽃 사자좌에 앉았는데, 이십억 나유타 천신들이 공경히 둘러 모시고 있었으며, 그들에게 보살수생해경菩薩受生海經을 말씀하여 그들로 하여금 모두 여래의 가문에 태어나서 보살의 큰 공덕을 증장하게 하는 것을 보았습니다.

선재동자가 룸비니 동산에 이르러 룸비니 동산을 맡은 묘덕신을 친견하였는데 그 묘덕신은 20억 나유타 천신들에게 보살수생해경菩薩受生海經을 설하여 그들로 하여금 모두 여래의 가문에 태어나서 보살의 큰 공덕을 증장하게 하였다. 석가세존이 이 룸비니 동산에서 태어났는데 이 동산을 맡은 묘덕신은 보살이 세상에 생을 받아 태어나는 내용이 담긴 경을 설하였다. 그 경은 아마도 인류 역사상 가장 위대한 성인인 석가모니 부처님처럼 그와 같은 가문에 태어나려면 어떤 공덕을 닦아야 하는가 하는 내용일 것이다.

善財가 見已에 頂禮其足하며 合掌前立하야 白言
호대 大聖하 我已先發阿耨多羅三藐三菩提心호니
而未能知菩薩이 云何修菩薩行하며 生如來家하야
爲世大明이리잇고

선재동자가 보고는 그의 발에 절하고 합장하고 서서 말하였습니다. "거룩하신 이여, 저는 이미 아뇩다라삼먁삼보리심을 내었으나 아직은 보살이 어떻게 보살의 행을 닦으며, 여래의 가문에 태어나서 세상의 큰 광명이 되는지를 알지 못합니다."

선재동자는 선지식을 친견할 때마다 항상 질문하는 보살행에 대해 질문하였으며, 이번에는 특별히 어떻게 하면 여래의 가문에 태어나서 세상의 큰 광명이 되는지에 대해서 질문하였다. 부처님이 태어나신 곳, 룸비니 동산을 맡은 신이기에 반드시 질문하여야 할 내용이다.

2) 람비니 묘덕신이 법을 설하다

(1) 보살의 수생장受生藏의 뜻을 설하다

彼_피神_신이 答_답言_언하사대 善_선男_남子_자야 菩_보薩_살이 有_유十_십種_종受_수生_생藏_장하니 若_약菩_보薩_살이 成_성就_취此_차法_법하면 則_즉生_생如_여來_래家_가하야 念_염念_념增_증長_장菩_보薩_살善_선根_근하야 不_불疲_피不_불懈_해하며 不_불厭_염不_불退_퇴하며 無_무斷_단無_무失_실하며

그 신이 대답하였습니다. "선남자여, 보살이 열 가지의 태어나는 장[受生藏]이 있으니, 만일 보살이 이 법을 성취하면 여래의 가문에 태어나서, 잠깐잠깐 동안에 보살의 착한 뿌리를 증장하되 고달프지도 않고 게으르지도 않으며, 싫지도 않고 물러나지도 않으며, 끊어짐도 없고 잃음도 없습니다."

보살 수생장受生藏이란, 석가모니 부처님의 과거의 생을 보살의 삶이라 하고 이 생에 태어나서 부처님이 되신 것을 부

처님의 삶이라고 나누어 이야기하는데, 보살로 계시다가 부처님으로 태어나는 데는 여러 가지 공덕 인연이 포함되어 있으므로 수생장受生藏이라고 한다. 열 가지 수생장을 설하기 전에 먼저 그 뜻을 설한 내용이다. 만약 보살이 이 수생장을 성취하면 여래의 가문에 태어나서 잠깐잠깐 동안에 보살의 착한 뿌리를 증장하는 등의 일이 있다.

이제미혹 불생겁열뇌회지심 취일체
離諸迷惑하야 不生怯劣惱悔之心하며 趣一切

지 입법계문 발광대심 증장제도
智하야 入法界門하며 發廣大心하야 增長諸度하며

"모든 미혹을 여의어 겁약하거나 후회하는 마음을 내지 않고, 일체 지혜에 나아가 법계의 문에 들어가며, 광대한 마음을 내고 모든 바라밀다를 증장합니다."

성취제불무상보리 사세간취 입여래
成就諸佛無上菩提하야 捨世間趣하고 入如來

地하며 獲勝神通하야 諸佛之法이 常現在前하며 順一切智眞實義境하나니라

"모든 부처님의 위없는 보리를 성취하며, 세상의 길을 버리고 여래의 지위에 들어가 훌륭한 신통을 얻으며, 모든 부처님의 법이 항상 앞에 나타나서 일체 지혜의 진실한 이치의 경계를 따르게 됩니다."

보살의 수생장이라는 법을 얻게 되면 여래의 가문에 태어나는 것은 당연한 이치이고, 나아가서 모든 부처님의 위없는 보리를 성취하게 되며, 세상의 길을 버리고 여래의 지위에 들어가 훌륭한 신통을 얻게 된다. 또 모든 부처님의 법이 항상 앞에 나타나서 일체 지혜의 진실한 이치의 경계를 따르게 된다. 간략히 요약하면 보살의 수생장受生藏을 얻으면 곧바로 여래가 된다는 뜻이다. 다시 말하면 보살이 부처님으로 태어나는 일이다.

(2) 열 가지 수생장의 이름을 열거하다

何_하等_등이 爲_위十_십고 一_일者_자는 願_원常_상供_공養_양一_일切_체諸_제佛_불受_수生_생藏_장이요 二_이者_자는 發_발菩_보提_리心_심受_수生_생藏_장이요 三_삼者_자는 觀_관諸_제法_법門_문勤_근修_수行_행受_수生_생藏_장이요

"무엇이 열입니까. 하나는 일체 모든 부처님께 항상 공양하기를 원하는 태어나는 장藏이요, 둘은 보리심을 발하는 태어나는 장이요, 셋은 모든 법문을 관찰하고 부지런히 수행하는 태어나는 장이요,

四_사者_자는 以_이深_심淨_정心_심普_보照_조三_삼世_세受_수生_생藏_장이요 五_오者_자는 平_평等_등光_광明_명受_수生_생藏_장이요 六_육者_자는 生_생如_여來_래家_가受_수生_생藏_장이요

넷은 깊고 청정한 마음으로 세 세상을 두루 비추는 태어나는 장이요, 다섯은 평등한 광명의 태어나는 장이요, 여섯은 여래의 가문에 나게 되는 태어나는 장이요,

칠자   불력광명수생장   팔자   관보지문
七者는 佛力光明受生藏이요 八者는 觀普智門

수생장   구자   보현장엄수생장   십자   입
受生藏이요 九者는 普現莊嚴受生藏이요 十者는 入

여래지수생장
如來地受生藏이니라

일곱은 부처님 힘의 광명의 태어나는 장이요, 여덟은 넓은 지혜의 문을 관찰하는 태어나는 장이요, 아홉은 장엄을 널리 나타내는 태어나는 장이요, 열은 여래의 지위에 들어가는 태어나는 장입니다."

1〉 제1 모든 부처님께 항상 공양하기를 서원하는 수생장

선남자   운하명원상공양일체불수생장   선
善男子야 云何名願常供養一切佛受生藏고 善

남자   보살   초발심시   작여시원   아당존중
男子야 菩薩이 初發心時에 作如是願호대 我當尊重

공경공양일체제불   견불무염   어제불소
恭敬供養一切諸佛하야 見佛無厭하며 於諸佛所에

상생애락   상기심신   수제공덕   항무휴
常生愛樂하며 **常起深信**하야 **修諸功德**하야 **恒無休**
식   시위보살위일체지시집선근수생장
息이라하나니 **是爲菩薩爲一切智始集善根受生藏**
이니라

"선남자여, 무엇을 이름하여 모든 부처님께 항상 공양하기를 원하는 태어나는 장이라 합니까. 선남자여, 보살이 처음 마음을 낼 적에 이와 같은 원을 세우되, '저는 마땅히 일체 모든 부처님을 존중하고 공경하고 공양하며, 부처님을 친견하되 싫어함이 없으며, 모든 부처님을 항상 사모하고 좋아하며, 깊은 믿음을 항상 일으켜서, 모든 공덕을 닦아 항상 쉬지 않으리라.'라고 하나니, 이것이 보살이 일체 지혜를 위하여 처음으로 착한 뿌리를 모으는 태어나는 장입니다."

보살의 태어나는 장, 즉 수생장受生藏이란 보살이 부처님이 되는 일이다. 보살이 부처님이 되려는 마음을 내면 무엇보다 먼저 서원이 있어야 한다. 모든 부처님께 항상 공양하기를 서원하는 일이다. 또한 모든 부처님을 존중하고 공경

하고 공양하며, 부처님을 친견하되 싫어함이 없으며, 모든 부처님을 항상 사모하고 좋아하려는 서원이다. 서원이 없으면 세상의 아주 작은 일도 이루지 못한다.

2) 제2 보리심을 발하는 수생장

운하명발보리심수생장   선남자   차보살
云何名發菩提心受生藏고 **善男子**야 **此菩薩**이

발아뇩다라삼먁삼보리심   소위기대비심
發阿耨多羅三藐三菩提心하나니 **所謂起大悲心**이니

구호일체중생고
救護一切衆生故며

"무엇을 이름하여 보리심을 내는 태어나는 장이라 합니까. 선남자여, 이 보살이 아뇩다라삼먁삼보리심을 내는 것은 이른바 크게 가엾이 여기는 마음을 내나니 일체 중생을 구호하려는 연고며,

기공양불심   구경승사고   기보구정법심
起供養佛心이니 **究竟承事故**며 **起普求正法心**

一切無悋故며 起廣大趣向心이니 求一切智故며

부처님께 공양하려는 마음을 내나니 끝까지 받들어 섬기려는 연고며, 바른 법을 널리 구하려는 마음을 내나니 모든 것을 아끼지 않는 연고며, 광대하게 향하여 나아가려는 마음을 내나니 일체 지혜를 구하는 연고며,

起慈無量心이니 普攝衆生故며 起不捨一切衆生心이니 被求一切智堅誓甲故며 起無諂誑心이니 得如實智故며

한량없이 인자한 마음을 내나니 중생을 널리 거두어 주는 연고며, 모든 중생을 버리지 않으려는 마음을 내나니 일체 지혜를 구하는 견고한 서원의 갑옷을 입는 연고며, 아첨이 없으려는 마음을 내나니 실제와 같은 지혜를 얻는 연고며,

起如說行心이니 修菩薩道故며 起不誑諸佛心이니 守護一切佛大誓願故며 起一切智願心이니 盡未來化衆生不休息故라

 말씀과 같이 실행하려는 마음을 내나니 보살의 도를 닦는 연고며, 모든 부처님을 속이지 않으려는 마음을 내나니 모든 부처님의 큰 서원을 수호하는 연고며, 일체 지혜와 원하는 마음을 내나니 오는 세월이 끝나도록 중생 교화하기를 쉬지 않으려는 연고입니다."

菩薩이 以如是等佛刹微塵數菩提心功德故로 得生如來家하나니 是爲菩薩第二受生藏이니라

 "보살이 이와 같은 세계의 미진수 보리심의 공덕으로 여래의 가문에 태어남을 얻나니, 이것이 보살의 둘째 태어나는 장입니다."

보살이 부처님으로 태어나려면 서원을 세우는 일 다음으로 보리심을 발해야 한다. 보리심이란 무엇인가. 중생을 향한 크게 가엾이 여기는 마음이다. 즉 남을 먼저 이롭게 하려는 마음이다. 또 크게 인자한 마음이다. 또 모든 차별과 평등을 빠짐없이 잘 아는 일체 지혜의 마음이다. 이러한 마음이 곧 깨달음의 마음이다. 그리고 이 모든 마음을 다 포함하여 불심佛心이라 한다. 이러한 마음이 있어야 여래의 가문에 태어남을 얻는다.

3〉제3 모든 법문을 관하고 수행하는 수생장

운하명관제법문근수행수생장 선남자 차
云何名觀諸法門勤修行受生藏고 **善男子**야 **此**

보살마하살 기관일체법문해심 기회향일
菩薩摩訶薩이 **起觀一切法門海心**하며 **起廻向一**

체지원만도심 기정념무과실업심
切智圓滿道心하며 **起正念無過失業心**하며

"무엇을 이름하여 모든 법문을 관찰하고 부지런히 수행하는 태어나는 장이라 합니까. 선남자여, 이 보살마하살이 모든 법문 바다를 관찰하려는 마음을 일으키고, 일체 지혜의 원만한 길에 회향하려는 마음을 일으키고, 바른 생각으로 잘못된 업이 없으려는 마음을 일으키고,

起一切菩薩三昧海淸淨心하며 起修成一切菩薩功德心하며 起莊嚴一切菩薩道心하며 起求一切智大精進行으로 修諸功德호대 如劫火熾然無休息心하며

모든 보살의 삼매 바다의 청정한 마음을 일으키고, 모든 보살의 공덕을 닦아 이루려는 마음을 일으키고, 모든 보살의 도를 장엄하려는 마음을 일으키고, 일체 지혜를 구하여 크게 정진하는 행으로 모든 공덕을 닦을 적에 겁劫의 불이 치성하듯이 쉬는 일이 없으려는 마음을 일으키고,

起修普賢行하야 敎化一切衆生心하며 起善學
一切威儀하야 修菩薩功德하야 捨離一切所有하고
住無所有眞實心이 是爲菩薩第三受生藏이니라

보현의 행을 닦아 모든 중생을 교화하려는 마음을 일으키고, 모든 위의를 잘 배우고 보살의 공덕을 닦아 모든 있는 것을 버리고 아무것도 없는 데 머물려는 진실한 마음을 일으키나니, 이것이 보살의 셋째 태어나는 장입니다."

보살이 부처님으로 태어나려면 서원을 세운 뒤 보리심을 발하고 불심佛心을 발한 뒤에는 모든 법문을 관하고 수행하여야 한다. 발심은 하였으나 수행이 없으면 여래로 태어나는 일을 성취할 수 없기 때문이다. 그러므로 보살이 여래로 태어나는 수생장이다.

4) 제4 청정한 마음으로 세상을 비추는 수생장

云何名以深淨心普照三世受生藏고 善男子야
此菩薩이 具淸淨增上心하야 得如來菩提光하며 入
菩薩方便海하며 其心堅固가 猶若金剛하며

"무엇을 이름하여 깊고 청정한 마음으로 세 세상을 두루 비추는 태어나는 장이라 합니까. 선남자여, 이 보살이 청정하여 더 나아가는 마음을 갖추고 여래의 보리의 광명을 얻으며, 보살의 방편 바다에 들어가 마음이 견고하기 금강과 같으며,

背捨一切諸有趣生하며 成就一切佛自在力하며
修殊勝行하야 具菩薩根하며 其心明潔하야 願力不
動하며 常爲諸佛之所護念하며 破壞一切諸障礙

山하며 普爲衆生作所依處가 是爲菩薩第四受生藏이니라

　모든 생사의 길에 나는 것을 등지며, 모든 부처님의 자재한 힘을 성취하며, 수승한 행을 닦아 보살의 근기를 갖추며, 마음이 밝고 깨끗하고 서원하는 힘이 흔들리지 아니하며, 모든 부처님들의 보호하고 생각하심이 되며, 일체 모든 장애의 산을 깨뜨리며, 널리 중생들의 의지할 곳이 되려 하나니, 이것이 보살의 넷째 태어나는 장입니다."

　보살이 여래로 태어나려고 서원을 세우고, 보리심을 발하고, 또 모든 법문을 관하여 수행하고, 다시 깊고 청정한 마음으로 세 세상을 두루 비춘다. 이것이 보살의 수생장이다.

5〉제5 평등한 광명의 수생장

云何名平等光明受生藏고 善男子야 此菩薩이
_{운하명평등광명수생장} _{선남자} _{차보살}

具足衆行하야 普化衆生호대 一切所有를 悉皆能
_{구족중행} _{보화중생} _{일체소유} _{실개능}

捨하며 住佛究竟淨戒境界하며 具足忍法하며 成就
_사 _{주불구경정계경계} _{구족인법} _{성취}

諸佛法忍光明하며
_{제불법인광명}

"무엇을 이름하여 평등한 광명의 태어나는 장이라 합니까. 선남자여, 이 보살이 여러 가지 행을 구족하고 중생을 널리 교화하되 모든 가진 것을 다 능히 버리고 부처님의 끝까지 청정한 계율의 경계에 머물며, 참는 법을 구족하여 모든 부처님의 법 지혜[法忍]의 광명을 성취하며,

以大精進으로 趣一切智하며 到於彼岸하며 修習
_{이대정진} _{취일체지} _{도어피안} _{수습}

諸禪하야 得普門定하며 淨智圓滿하야 以智慧日로
明照諸法하며

큰 정진으로 일체 지혜에 나아가 저 언덕에 이르며, 모든 선정을 닦아 넓은 문의 삼매를 얻으며, 깨끗한 지혜가 원만하여 지혜의 태양으로 모든 법을 밝게 비추며,

得無礙眼하야 見諸佛海하며 悟入一切眞實法性하며 一切世間에 見者歡喜하며 善能修習如實法門이 是爲菩薩第五受生藏이니라

장애 없는 눈을 얻어 모든 부처님 바다를 보고, 모든 진실한 법의 성품에 깨달아 들어가며, 모든 세간의 보는 이들이 환희하며, 실제와 같은 법문을 잘 닦나니, 이것이 보살의 다섯째 태어나는 장입니다."

보살이 여래로 태어나려고 서원을 세우고, 보리심을 발하고, 또 모든 법문을 관하여 수행하고, 다시 깊고 청정한 마음으로 세 세상을 두루 비추고, 이어서 육바라밀을 철저히 닦아서 장애 없는 눈을 얻어 모든 부처님 바다를 보고 모든 진실한 법의 성품에 깨달아 들어가는 것이 보살의 다섯째 수생장이다.

6) 제6 여래의 가문에 나게 되는 수생장

云何名生如來家受生藏고 善男子야 此菩薩이
生如來家하야 隨諸佛住하며 成就一切甚深法門하야
具三世佛淸淨大願하며 得一切佛同一善根하야 與
諸如來로 共一體性하며

"무엇을 이름하여 여래의 가문에 나게 되는 태어나는 장이라 합니까. 선남자여, 이 보살이 여래의 가문에 태어나서 모든 부처님을 따라 머물며, 모든 깊고 깊은 법문을 성취하며, 세 세상 부처님들의 청정한 큰 서원을 갖추며, 모든 부처님과 같은 착한 뿌리를 얻어 모든 여래와 자체의 성품이 같으며,

具出世行白淨善法_{하야} 安住廣大功德法門_{하며}
구 출 세 행 백 정 선 법   안 주 광 대 공 덕 법 문

入諸三昧_{하야} 見佛神力_{하며} 隨所應化_{하야} 淨諸衆
입 제 삼 매   견 불 신 력   수 소 응 화   정 제 중

生_{하며} 如問而對_{하야} 辯才無盡_이 是爲菩薩第六受
생   여 문 이 대   변 재 무 진   시 위 보 살 제 육 수

生藏_{이니라}
생 장

세상에서 벗어나는 행과 희고 깨끗한 선한 법을 갖추어 광대한 공덕의 법문에 편안히 머물며, 모든 삼매에 들어가 부처님의 신통한 힘을 보며, 교화할 이를 따라 모든 중생을 청정하게 하며, 묻는 대로 대답하여 변재가 다함이 없나니, 이것이 보살의 여섯째 태어나는 장입니다."

보살이 육바라밀까지 갖추고 나서 다시 모든 삼매에 들어가 부처님의 신통한 힘을 보며, 교화할 이를 따라 모든 중생을 청정하게 하며, 묻는 대로 대답하여 변재가 다함이 없는 것, 이것이 보살의 여섯째 수생장이다.

7〉 제7 부처님 힘의 광명 수생장

云何名佛力光明受生藏고 善男子야 此菩薩이 深入佛力하야 遊諸佛刹호대 心無退轉하며 供養承事菩薩衆會호대 無有疲厭하며

"무엇을 이름하여 부처님 힘의 광명의 태어나는 장이라 합니까. 선남자여, 이 보살이 부처님 힘에 깊이 들어가 모든 부처님의 세계에 노닐어도 물러나는 생각이 없으며, 보살 대중을 공양하며 받들어 섬겨도 고달프지 아니하며,

了一切法이 皆如幻起하며 知諸世間이 如夢所見하며 一切色相이 猶如光影하며 神通所作이 皆如變化하며 一切受生이 悉皆如影하며 諸佛說法이 皆如谷響하며 開示法界하야 咸令究竟이 是爲菩薩第七受生藏이니라

　모든 법이 환술처럼 일어난 줄을 알며, 모든 세간이 꿈에서 보는 것과 같으며, 모든 색상이 그림자와 같으며, 신통으로 짓는 일이 모두 변화함과 같으며, 모든 태어나는 것이 그림자와 같으며, 모든 부처님의 말씀하는 법이 메아리와 같은 줄을 알며, 법계를 열어 보여 다 필경에 이르게 하나니, 이것이 보살의 일곱째 태어나는 장입니다."

　보살의 부처님 힘의 광명의 태어나는 장이란 보살이 어떤 훌륭한 불사를 지어도 일체 모든 법이 환술과 같고, 꿈과 같

고, 그림자와 같고, 변화함과 같고, 심지어 보살로 태어남도 그림자와 같고, 모든 부처님의 말씀하시는 법이 메아리와 같은 줄을 아는 것이다.

8) 제8 넓은 지혜를 관찰하는 수생장

云何名觀普智門受生藏고 善男子야 此菩薩이
住童眞位에 觀一切智와 一一智門하야 盡無量劫토록
開演一切菩薩所行하며 於諸菩薩甚深三昧에
心得自在하며

"무엇을 이름하여 넓은 지혜의 문을 관찰하는 태어나는 장이라 합니까. 선남자여, 이 보살이 동진童眞의 지위에 머물러 있으면서 일체 지혜를 관찰하고 낱낱 지혜의 문에서 한량없는 겁이 다하도록 모든 보살의 행을 연설하며, 모든 보살의 깊고 깊은 삼매에 마음이 자재하여지고,

念念生於十方世界諸如來所하며 於有差別境에 入無差別定하며 於無差別法에 現有差別智하며 於無量境에 知無境界하며

잠깐잠깐마다 시방세계의 여래가 계신 데 태어나며, 차별이 있는 경계에서 차별이 없는 선정에 들어가고, 차별이 없는 법에서 차별이 있는 지혜를 나타내며, 한량없는 경계에서 경계가 없음을 알고,

於少境界에 入無量境하며 通達法性이 廣大無際하며 知諸世間이 悉假施設이라 一切皆是識心所起가 是爲菩薩第八受生藏이니라

적은 경계에서 한량없는 경계에 들어가며, 법의 성품이 광대하여 끝이 없음을 통달하고, 모든 세간이 다

거짓 시설이어서 모든 것이 인식하는 마음으로 생긴 줄을 아나니, 이것이 보살의 여덟째 태어나는 장입니다."

보살이 순수무구하고 천진난만한 동진童眞의 지위에 머물러 있으면서 일체 지혜를 관찰하므로 차별과 평등이 둘이 아닌 이치를 알고, 적은 경계와 한량없는 경계가 자유자재하다. 또 모든 세간이 다 거짓으로 시설되어서 일체가 인식하는 마음으로 생긴 줄을 안다. 이것이 보살의 여덟째 수생장이다.

9〉 제9 장엄을 널리 나타내는 수생장

云何名普現莊嚴受生藏고 善男子야 此菩薩이 能種種莊嚴無量佛刹하며 普能化現一切衆生과 及諸佛身하며 得無所畏하야 演淸淨法하며 周流法界하야 無所障礙하며

"무엇을 이름하여 장엄을 널리 나타내는 태어나는 장이라 합니까. 선남자여, 이 보살이 한량없는 부처님 세계를 가지가지로 장엄하며, 일체 중생과 모든 부처님의 몸을 널리 변화하여 나타내며, 두려움 없음을 얻어서 청정한 법을 연설하며, 법계에 두루 다니되 걸림이 없으며,

隨其心樂_{하야} 普使知見_{하며} 示現種種成菩提行_{하야} 令生無礙一切智道_{하며} 如是所作_이 不失其時_{호대} 而常在三昧毘盧遮那智慧之藏_이 是爲菩薩第九受生藏_{이니라}

그들의 마음에 좋아하는 대로 모두 알고 보게 하며, 갖가지로 보리의 행을 이루는 것을 나타내어 걸림이 없는 일체 지혜의 길을 내게 하며, 이와 같이 하는 일이 그 때를 놓치지 아니하면서 항상 삼매와 비로자나 지혜의 장에 있나니, 이것이 보살의 아홉째 태어나는 장입니다."

보살이 한량없는 부처님 세계를 가지가지로 장엄하며, 일체 중생과 모든 부처님의 몸을 널리 변화하여 나타내고, 청정한 법을 연설하며, 법계에 두루 다니되 걸림이 없는 것, 이것이 보살의 아홉째 수생장이다.

10〉 제10 여래의 지위에 들어가는 수생장

云何名入如來地受生藏고 善男子야 此菩薩이 悉於三世諸如來所에 受灌頂法하야 普知一切境界次第하나니

"무엇을 이름하여 여래의 지위에 들어가는 태어나는 장이라 합니까. 선남자여, 이 보살이 세 세상 모든 여래의 처소에서 정수리에 물 붓는 법을 받고 모든 경계의 차례를 두루 압니다."

소위 지 일 체 중 생 전 제 후 제 몰 생 차 제   일 체
所謂知一切衆生前際後際歿生次第와 **一切**

보 살 수 행 차 제   일 체 중 생 심 념 차 제   삼 세 여 래
菩薩修行次第와 **一切衆生心念次第**와 **三世如來**

성 불 차 제   선 교 방 편 설 법 차 제
成佛次第와 **善巧方便說法次第**하며

"이른바 일체 중생이 앞 세상과 뒤 세상에서 죽고 태어나는 차례와, 모든 보살의 수행하는 차례와, 일체 중생의 마음으로 생각하는 차례와, 세 세상 여래의 성불하는 차례와, 교묘한 방편으로 법문을 설하는 차례를 압니다."

역 지 일 체 초 중 후 제 소 유 제 겁   약 성 약 괴
亦知一切初中後際所有諸劫의 **若成若壞**하는

명 호 차 제   수 제 중 생   소 응 화 도   위 현 성
名號次第하야 **隨諸衆生**의 **所應化度**하야 **爲現成**

도   공 덕 장 엄   신 통 설 법   방 편 조 복   시
道하야 **功德莊嚴**하며 **神通說法**하며 **方便調伏**이 **是**

위 보 살 제 십 수 생 장
爲菩薩第十受生藏이니라

"또한 모든 앞 세상과 지금 세상과 뒤 세상의 모든 겁이 이루어지고 무너지는 이름의 차례를 알며, 모든 중생들의 교화를 받을 만함을 따라서 도를 이루는 공덕과 장엄을 나타내며, 신통으로 법을 설하며, 방편으로 조복하나니, 이것이 보살의 열째 태어나는 장입니다."

보살이 세 세상 모든 여래의 처소에서 정수리에 물 붓는 법을 받고 모든 경계의 차례를 두루 안다. 그것은 곧 일체 중생이 앞 세상과 뒤 세상에서 죽고 태어나는 차례와, 모든 보살의 수행하는 차례와, 일체 중생의 마음으로 생각하는 차례 등을 아는 것이다. 이것이 보살의 열째 수생장이다.

(3) 수승한 이익을 찬탄하다

불자 약 보살 마하살 어 차 십 법 수 습 증 장
佛子야 **若菩薩摩訶薩**이 **於此十法**에 **修習增長**

원 만 성 취   즉 능 어 일 장 엄 중   현 종 종 장
하야 **圓滿成就**하면 **則能於一莊嚴中**에 **現種種莊**

엄   여 시 장 엄 일 체 국 토   개 도 시 오 일 체 중
嚴하야 **如是莊嚴一切國土**하며 **開導示悟一切衆**

생 진미래겁 무유휴식
生호대 **盡未來劫**토록 **無有休息**하며

"불자여, 만일 보살마하살이 이 열 가지 법을 닦아 익히고 증장하여 원만하게 성취하면 능히 한 가지 장엄 속에 갖가지 장엄을 나타내며, 이와 같이 모든 국토를 장엄하며, 일체 중생을 인도하고 깨우쳐서 오는 세월이 끝나도록 쉬지 아니하며,

연설일체제불법해 종종경계 종종성숙
演說一切諸佛法海하며 **種種境界**를 **種種成熟**

전전전래무량제법 현부사의불자재력
하여 **展轉傳來無量諸法**하며 **現不思議佛自在力**하야

충만일체허공법계 어제중생심행해중 이
充滿一切虛空法界하야 **於諸衆生心行海中**에 **而**

전법륜
轉法輪하며

일체 모든 부처님 법 바다를 연설하며, 가지가지 경계를 가지가지로 성숙하게 하여 한량없는 법을 차츰차츰 전하여 오며, 헤아릴 수 없는 부처님의 자재한 힘을

나타내어 모든 허공과 법계에 가득하여 모든 중생의 마음으로 행하는 바다에서 법륜을 굴리며,

於一切世界에 示現成佛호대 恒無間斷하며 以不可說淸淨言音으로 說一切法하며 住無量處하야 通達無礙하며

모든 세계에서 성불함을 나타내되 항상 사이가 끊이지 아니하며, 말할 수 없이 청정한 음성으로 모든 법을 설하며, 한량없는 곳에 머무르되 통달하여 걸림이 없으며,

以一切法으로 莊嚴道場하며 隨諸衆生의 欲解差別하야 而現成佛하며 開示無量甚深法藏하야 敎化

성 취 일 체 세 간
成就一切世間이니라

온갖 법으로 도량을 장엄하며, 모든 중생의 욕망과 이해하는 차별을 따라 성불함을 나타내며, 한량없는 깊고 깊은 법장法藏을 열어 보여 모든 세간을 교화하고 성취합니다."

앞에서 설한 열 가지의 보살이 세상에 태어나는 수생장受生藏을 닦아 익히면 한 가지 장엄 속에 갖가지 장엄을 나타내며, 이와 같이 모든 국토를 장엄하며, 일체 중생을 인도하고 깨우쳐서 오는 세월이 끝나도록 쉬지 아니하는 등의 수승한 이익이 있음을 밝혔다.

(4) 람비니림신이 게송으로 그 뜻을 거듭 밝히다

이시 람비니림신 욕중명기의   이불신
爾時에 **嵐毘尼林神**이 **欲重明其義**하사 **以佛神**

력   보관시방   이설송언
力으로 **普觀十方**하고 **而說頌言**

그때에 람비니 숲 맡은 신이 그 뜻을 거듭 펴려고 부처님의 신력으로 시방을 널리 관찰하고 게송을 설하였습니다.

최상이구청정심
最上離垢淸淨心으로
견일체불무염족
見一切佛無厭足하야
원진미래상공양
願盡未來常供養이
차명혜자수생장
此明慧者受生藏이로다

가장 높고 때가 없이 청정한 마음
일체 부처님을 친견하기 싫은 줄 몰라
오는 세월 끝나도록 항상 공양하기 원하나니
이것은 지혜 밝은 이의 태어나는 장藏입니다.

일체삼세국토중
一切三世國土中에
소유중생급제불
所有衆生及諸佛을
실원도탈항첨봉
悉願度脫恒瞻奉이
차난사자수생장
此難思者受生藏이로다

일체 세 세상의 국토 가운데

살고 있는 중생들과 모든 부처님
제도하고 받들기를 항상 원하나니
이것은 부사의한 이의 태어나는 장입니다.

문법 무염 낙 관찰　　　보 어 삼세 무 소 애
聞法無厭樂觀察하며　　**普於三世無所礙**하야

신심 청정 여 허공　　　차 명칭 자 수생 장
身心淸淨如虛空이　　**此名稱者受生藏**이로다

법문 듣기를 싫어하지 않고 관찰하기 좋아해
세 세상에 두루 하여 걸림 없으며
몸과 마음 청정하기 허공과 같나니
이것은 소문난 이의 태어나는 장입니다.

기심 항주 대비 해　　　견 여 금강 급 보산
其心恒住大悲海하며　　**堅如金剛及寶山**하며

요달 일체 종 지문　　　차 최승 자 수생 장
了達一切種智門이　　**此最勝者受生藏**이로다

그 마음은 큰 자비의 바다에 항상 머물고

견고하기로는 금강과 같고 보석산 같아

일체종지一切種智의 문을 통달했으니

이것은 가장 수승한 이의 태어나는 장입니다.

대 자 보 부 어 일 체　　묘 행 상 증 제 도 해
大慈普覆於一切하고　**妙行常增諸度海**하야

이 법 광 명 조 군 품　　차 웅 맹 자 수 생 장
以法光明照群品이　**此雄猛者受生藏**이로다

크게 인자함이 모든 이를 두루 덮고

묘한 행은 모든 바라밀 바다를 항상 증장하여

법의 광명으로 모든 중생 두루 비추니

이것은 용맹한 이의 태어나는 장입니다.

요 달 법 성 심 무 애　　생 어 삼 세 제 불 가
了達法性心無礙하며　**生於三世諸佛家**하야

보 입 시 방 법 계 해　　차 명 지 자 수 생 장
普入十方法界海가　**此明智者受生藏**이로다

법의 성품 통달하여 마음은 걸림이 없고

삼세의 모든 부처님들 가문에 태어나서

시방의 법계 바다에 널리 들어가니

이것은 밝은 지혜 있는 이의 태어나는 장입니다.

법 신 청 정 심 무 애　　　　보 예 시 방 제 국 토
法身清淨心無礙하야　　**普詣十方諸國土**하야

일 체 불 력 미 불 성　　　　차 부 사 의 수 생 장
一切佛力靡不成이　　　**此不思議受生藏**이로다

법의 몸 청정하고 마음은 걸림이 없어

시방의 모든 국토에 널리 나아가

모든 부처님의 힘 다 이루나니

이것은 헤아릴 수 없는 이의 태어나는 장입니다.

입 심 지 혜 이 자 재　　　　어 제 삼 매 역 구 경
入深智慧已自在하고　　**於諸三昧亦究竟**하야

관 일 체 지 여 실 문　　　　차 진 신 자 수 생 장
觀一切智如實門이　　　**此眞身者受生藏**이로다

깊은 지혜에 들어가 이미 자재하였고

모든 삼매도 또한 다 완성하였으며
일체 지혜의 진실한 문 다 보았으니
이것은 참몸[眞身] 가진 이의 태어나는 장입니다.

정치일체제불토　　근수보화중생법
淨治一切諸佛土하며　**勤修普化衆生法**하며
현현여래자재력　　차대명자수생장
顯現如來自在力이　**此大名者受生藏**이로다

일체 모든 국토 잘 다스리고
중생 교화하는 법을 부지런히 닦아
여래의 자재한 힘 나타내나니
이것은 큰 이름 떨친 이의 태어나는 장입니다.

구이수행살바야　　질능취입여래위
久已修行薩婆若하고　**疾能趣入如來位**하야
요지법계개무애　　차제불자수생장
了知法界皆無礙가　**此諸佛子受生藏**이로다

오랫동안 일체 지혜 닦아 행하고

여래의 높은 지위에 빨리 들어가
법계를 밝게 알아 걸림 없나니
이것은 모든 불자들이 태어나는 장입니다.

보살은 수행을 원만히 쌓아 비로소 부처님으로 태어나는데 그 태어나는 일에는 무수한 인연이 쌓이고 쌓여 있다. 그것을 보살의 태어나는 장, 수생장受生藏이라 한다. 게송에서 지혜 밝은 이, 부사의한 이, 소문난 이 등 열 가지 명칭을 들어 가며 찬탄하였다.

善男子야 菩薩이 具此十法하면 生如來家하야 爲
一切世間淸淨光明하나니 善男子야 我從無量劫
來로 得是自在受生解脫門호라

"선남자여, 보살이 이 열 가지 법을 갖추고 여래의 가문에 태어나서 모든 세간의 청정한 광명이 됩니다. 선남자여, 저는 한량없는 겁으로부터 이 자재하게 태어나는 해탈문을 얻었습니다."

부처님은 이 세상을 밝게 비추는 청정한 큰 광명이다. 세상의 큰 광명으로 태어나려면 위에서 열거한 보살의 태어나는 장이라는 열 가지 법을 갖추어서 여래의 가문에 태어나는 것이다. 람비니림신 선지식은 스스로 한량없는 오랜 겁으로부터 이 자재하게 태어나는 해탈문을 얻었음을 길게 설명하였다.

(5) 해탈문의 경계를 말하다

1) 원력에 의지하여 태어나다

善財가 白言호대 聖者여 此解脫門이 境界云何니

잇고 答言하사대 善男子야 我先發願호대 願一切菩薩

이 示受生時에 皆得親近하야 願入毘盧遮那如來

無量受生海_{일새} 以昔願力_{으로} 生此世界閻浮提中
嵐毘尼園_{하야} 專念菩薩_의 何時下生_{이러라}

　선재동자가 말하였습니다. "거룩하신 이여, 이 해탈문의 경계는 어떠합니까?" 람비니림신이 대답하였습니다. "선남자여, 저는 먼저 발원하기를 '원컨대 모든 보살이 태어날 적마다 다 친근함을 얻어지이다. 원컨대 비로자나 여래의 한량없이 태어나는 바다에 들어가지이다.'라고 하였습니다. 이러한 옛적의 서원의 힘으로 이 세계의 염부제에 있는 람비니 동산에 나서 '보살이 어느 때에나 내려와서 탄생하시려는가?' 하고 생각하였습니다."

　람비니림신 선지식은 자신이 지난 옛날에 원력을 세우기를 모든 보살이 태어날 적마다 다 친근하기를 서원하였으며, 또 비로자나 여래의 태어나는 바다에 들어가기를 서원하였다. 즉 비로자나 여래가 태어나시는 바다와 같이 넓고 깊은 인연을 다 알아서 함께하고자 하였던 것이다. 그 원력으로 싯다르타 태자가 태어나는 이 룸비니 동산을 맡아 지키는 신이 된 것이다.

　흔히 보통 사람들은 업력의 힘이나 인연의 힘으로 세상에 태어나지만 모든 보살은 원력의 힘으로 세상에 태어난다. 어떤 힘으로 태어나든 태어나는 것은 누구도 면할 수 없는 이치이다. 다행히 불법의 오묘한 이치를 깨달아서 중생들을 위한 큰 서원을 굳게 세워 세상에 다시 온다면 그것은 훌륭한 윤회를 하는 것이다. 스님들이 열반에 들어 49재를 지낼 때 반드시 "빨리 이 세상에 돌아오셔서 다시 큰 일을 밝히시고 널리 중생을 제도하여 주십시오."라고 축원하는 뜻이 그것이다.

2) 람비니 동산의 열 가지 상서

經於百年하야 世尊이 果從兜率陀天으로 而來生此하실새 時此林中에 現十種相하니 何等이 爲十고

"백 년을 지난 뒤에 세존이 과연 도솔천으로부터 이

곳에 내려와서 탄생하시는데, 그때 이 숲속에서 열 가지 상서가 나타났으니 무엇이 열입니까."

一_者는 此園中地가 忽自平坦하야 坑坎堆阜가 悉皆不現이요

"하나는 이 동산의 땅이 홀연히 저절로 평탄해지고 구렁이나 등성이가 모두 나타나지 않았습니다."

二_者는 金剛爲地하고 衆寶莊嚴하야 無有瓦礫 荊棘株杌이요

"둘은 금강으로 땅이 되어 여러 가지 보배로 장엄하였고 자갈과 가시덤불과 나무 그루터기들이 없어졌습니다."

삼자   보다라수   주잡항렬   기근심식
三者는 **寶多羅樹**가 **周帀行列**호대 **其根深植**하야

지 어 수 제
至於水際요

"셋은 보배로 된 다라 나무가 줄을 지어 둘러서고 그 뿌리가 깊이 들어가 물 있는 곳까지 이르렀습니다."

사자   생중향아   현중향장   보향위수
四者는 **生衆香芽**하며 **現衆香藏**하며 **寶香爲樹**호대

부소음영   기제향기   개유천향
扶疎蔭映하야 **其諸香氣**가 **皆踰天香**이요

"넷은 여러 가지 향香의 움이 돋고 향의 곳집이 나타났으며, 보배 향으로 된 나무가 무성하여 그 모든 향기가 천상의 향기보다 더 아름다웠습니다."

오자   제묘화만   보장엄구   항렬분포
五者는 **諸妙華鬘**과 **寶莊嚴具**가 **行列分布**하야

처처충만
處處充滿이요

"다섯은 여러 아름다운 화만華鬘과 보배 장엄거리가 줄지어 퍼져서 곳곳마다 가득하였습니다."

육자   원중소유일체제수   개자연개마니
六者는 **園中所有一切諸樹**가 **皆自然開摩尼**
보화
寶華요

"여섯은 동산 안에 있는 일체 모든 나무에는 모두 마니보배 꽃이 저절로 피었습니다."

칠자   제지소중   개자생화   종지용출
七者는 **諸池沼中**에 **皆自生華**호대 **從地涌出**하야
주포수상
周布水上이요

"일곱은 모든 연못 속에는 자연히 꽃이 나는데 땅 속에서 솟아올라서 물 위를 두루 덮었습니다."

八者는 時此林中에 娑婆世界欲色所住天龍夜
叉乾闥婆阿修羅迦樓羅緊那羅摩睺羅伽一切諸
王이 莫不來集하야 合掌而住요

"여덟은 그때에 이 숲속에 사바세계의 욕심세계와 형상세계에 있는 천신과 용과 야차와 건달바와 아수라와 가루라와 긴나라와 마후라가의 모든 왕이 모두 모여와서 합장하고 있었습니다."

九者는 此世界中所有天女와 乃至摩睺羅伽女
가 皆生歡喜하야 各各捧持諸供養具하고 向畢洛叉
樹前하야 恭敬而立이요

"아홉은 이 세계에 있는 하늘 여자와 내지 마후라가의 여자들이 모두 환희하여 각각 모든 공양거리를 받들고 필락차畢洛叉나무를 향하여 공경하고 서 있었습니다."

十者는 十方一切諸佛臍中에 皆放光明하니 名
菩薩受生自在燈이라 普照此林하니 一一光中에 悉
現諸佛受生誕生所有神變과 及一切菩薩受生功
德하며

"열은 시방의 일체 모든 부처님 배꼽에서 모두 광명을 놓으니 이름이 '보살이 태어나는 자재한 등불'입니다. 이 숲을 널리 비추고 낱낱 광명에서는 모든 부처님이 태어나고 탄생하는 신통변화와 일체 보살들이 태어나는 공덕을 다 나타내었습니다."

又出諸佛種種言音이니 是爲林中十種瑞相이라

차 상 현 시　　제 천 왕 등　　즉 지 당 유 보 살 하 생
此相現時에 **諸天王等**이 **卽知當有菩薩下生**하나니

아 견 차 서　　환 희 무 량
我見此瑞하고 **歡喜無量**호라

"또 모든 부처님의 가지가지 음성을 내었으니, 이것이 이 숲속의 열 가지 상서였습니다. 이 상서가 나타날 때에 모든 천왕들은 곧 보살이 내려오실 줄을 알았고, 저는 이 상서를 보고 한량없이 기뻐하였습니다."

람비니림신은 룸비니 동산을 맡아 그 동산을 잘 관리하여 나무들을 아름답게 가꾸면서 보살이 탄생하기만을 기다렸다. 그러면서 발원하기를, '원컨대 모든 보살이 태어날 적마다 다 친근함을 얻어지이다. 원컨대 비로자나 여래의 한량없이 태어나는 바다에 들어가지이다.'라고 하였다. 또 '보살이 어느 때에나 내려와서 탄생하시려는가.' 하고 생각하였다. 이렇게 하면서 백 년을 지난 뒤에 비로소 세존이 과연 도솔천으로부터 이곳에 내려와서 탄생하시는데, 그때에 이 숲속에 열 가지 상서가 나타났음을 낱낱이 열거하였다. 필락차畢洛叉라는 나무는 다른 기록에는 무우수無憂樹나무라고

되어 있다. 마야부인이 산기를 느껴 무우수나무 가지를 잡고 서 있었다는 그 나무다.

3〉 마야부인이 동산에 오실 때의 열 가지 광명

善男子야 摩耶夫人이 出迦毘羅城하야 入此林時에 復現十種光明瑞相하야 令諸衆生으로 得法光明케하시니 何等이 爲十고

"선남자여, 마야부인이 가비라성에서 나와 이 숲에 들어올 때에 다시 열 가지 광명의 상서를 나타내어 모든 중생에게 법의 광명을 얻게 하였습니다. 무엇이 열 가지입니까."

所謂一切寶華藏光과 寶香藏光과 寶蓮華開演

출진실묘음성광 시방보살초발심광 일체보
出眞實妙音聲光과 十方菩薩初發心光과 一切菩

살득입제지현신변광
薩得入諸地現神變光과

"이른바 일체 보배 꽃 창고 광명과, 보배 향 창고 광명과, 보배 연꽃이 피어 진실하고 묘한 음성을 연설하는 광명과, 시방의 보살이 처음으로 마음을 내는 광명과, 모든 보살이 여러 지위에 들어가서 신통변화를 나타내는 광명과,

일체보살수바라밀원만지광 일체보살대
一切菩薩修波羅蜜圓滿智光과 一切菩薩大

원지광 일체보살교화중생방편지광 일체
願智光과 一切菩薩教化衆生方便智光과 一切

보살증어법계진실지광 일체보살득불자재
菩薩證於法界眞實智光과 一切菩薩得佛自在

수생출가성정각광 차십광명 보조무량제
受生出家成正覺光이니 此十光明이 普照無量諸

중 생 심
衆生心이리라

　모든 보살이 바라밀을 닦아서 원만한 지혜 광명과, 모든 보살의 큰 서원의 지혜 광명과, 모든 보살이 중생을 교화하는 방편 지혜의 광명과, 모든 보살이 법계를 증득하는 진실한 지혜의 광명과, 모든 보살이 부처님의 자재하심을 얻어 태어나고 출가하여 정각을 이루는 광명이니, 이 열 가지 광명이 한량없는 모든 중생의 마음을 두루 비추었습니다."

　석가모니 부처님의 어머니인 마야부인이 태자를 낳을 때가 되었다. 옛 인도의 전통에 아기를 낳을 때는 친정에 가서 낳는다. 마야부인도 가비라성을 나와 친정으로 가는 중에 잠깐 쉬었다 가기 위해 이 룸비니 동산에 들어오게 되었다. 그때에 열 가지 광명의 상서가 나타났다. 그 광명의 상서를 낱낱이 열거하였다.

4) 보살이 탄생하려 할 때의 열 가지 신통변화

善男子야 摩耶夫人이 於畢洛叉樹下坐時에 復
現菩薩將欲誕生十種神變하시니 何等이 爲十고

"선남자여, 마야부인이 필락차나무 아래에 앉을 적에 다시 보살이 장차 탄생하려는 열 가지 신통변화를 나타내었습니다. 무엇이 열 가지입니까."

마야부인이 무우수나무 밑에 앉았을 때에 보살이 장차 탄생하려 하였다. 그때에 또 열 가지 신통변화가 나타났는데 그것을 낱낱이 열거하여 밝혔다.

善男子야 菩薩이 將欲誕生之時에 欲界諸天과
天子天女와 及以色界一切諸天과 諸龍夜叉乾闥
婆阿修羅迦樓羅緊那羅摩睺羅伽와 幷其眷屬이

위공양고 실개운집
爲供養故로 **悉皆雲集**이어든

"선남자여, 보살이 장차 탄생하시려는 때에 욕심세계의 하늘과 천자와 천녀와 형상세계의 모든 하늘과 용과 야차와 건달바와 아수라와 가루라와 긴나라와 마후라가와 그 권속들이 공양하기 위하여 모두 구름같이 모여 왔습니다."

마야부인 위덕수승 신제모공 함방광
摩耶夫人이 **威德殊勝**하사 **身諸毛孔**에 **咸放光**

명 보조삼천대천세계 무소장애 일체
明하사 **普照三千大千世界**하야 **無所障礙**하니 **一切**

광명 실개불현 제멸일체중생번뇌 급악
光明이 **悉皆不現**하야 **除滅一切衆生煩惱**와 **及惡**

도고 시위보살장욕탄생제일신변
道苦가 **是爲菩薩將欲誕生第一神變**이요

"마야부인은 위엄과 덕이 수승하여 여러 모공에서 다 광명을 놓아 삼천대천세계를 두루 비추어 막히는 데가 없었으며, 일체 다른 광명들은 모두 나타나지 못하였고, 일체 중생의 번뇌와 나쁜 길의 고통을 소멸하였으니, 이것이 보살이 장차 탄생하시려는 첫째 신통변화입니다."

보살이 장차 탄생하시려 할 때에 나타난 첫째 신통변화이다. 욕계와 색계의 모든 천룡팔부가 구름같이 다 모여 와서 공양하려 하였다. 또 마야부인은 일체 모공에서 광명을 놓아 삼천대천세계를 두루 비추었다.

又善男子야 當爾之時하야 摩耶夫人腹中에 悉
現三千世界一切形像하사 其百億閻浮提內에 各
有都邑하고 各有園林하야 名號不同이어든 皆有摩
耶夫人이 於中止住하고 天衆圍繞하야 悉爲顯現
菩薩將生不可思議神變之相이 是爲菩薩將欲

탄생 제 이 신 변
誕生第二神變이요

"또 선남자여, 그때에 마야부인의 복중腹中에서 삼천대천세계의 모든 형상을 나타내었는데 백억 염부제 안에 각각 도읍이 있고, 각각 동산과 숲이 있어 이름이 같지 아니하였으며, 다 마야부인이 그 가운데 계시거든 하늘대중이 둘러 모셨으니, 보살이 장차 태어나시려 할 때의 불가사의한 신통변화의 모습을 다 나타내려는 것입니다. 이것이 보살이 장차 탄생하시려는 둘째 신통변화입니다."

보살이 장차 탄생하시려는 둘째 신통변화는 마야부인의 복중腹中에서 삼천대천세계의 모든 형상을 나타낸 것이다. 이 무슨 소식인가. 그뿐만 아니라 백억이나 되는 염부제 안에 각각 도읍이 있고 각각 동산과 숲이 있는데 그곳마다 모두 마야부인이 그 가운데 계신다. 도대체 마야부인의 숫자가 얼마란 말인가. 한 마야부인은 곧 무수 억만 마야부인이다. 불가설 불가설 불찰 미진수 마야부인이다. 일체 존재의 이와 같은 이치는 석가모니 부처님이 출현하셔서 정각을 이

룸으로부터 증명되고 확인이 된 것이다.

又_우善_선男_남子_자야 摩_마耶_야夫_부人_인一_일切_체毛_모孔_공에 皆_개現_현如_여來_래往_왕
昔_석修_수行_행菩_보薩_살道_도時_시恭_공敬_경供_공養_양一_일切_체諸_제佛_불과 及_급聞_문諸_제
佛_불說_설法_법音_음聲_성하시니

"또 선남자여, 마야부인의 모든 모공마다 다 여래께서 옛날에 보살의 도를 수행할 적에 일체 모든 부처님을 공경하고 공양하던 일과 또 부처님들의 법문 말씀하시는 음성을 듣던 일을 나타내었습니다."

譬_비如_여明_명鏡_경과 及_급以_이水_수中_중에 能_능現_현虛_허空_공日_일月_월星_성宿_수雲_운
雷_뢰等_등像_상인달하야 摩_마耶_야夫_부人_인身_신諸_제毛_모孔_공도 亦_역復_부如_여是_시하야

능 현 여 래 왕 석 인 연   시 위 보 살 장 욕 탄 생 제 삼
能現如來往昔因緣이 **是爲菩薩將欲誕生第三**
신 변
神變이요

"비유컨대 마치 밝은 거울이나 물속에서 허공과 해와 달과 별과 구름과 우레의 모양을 나타내듯이 마야부인의 몸의 모든 모공도 또한 그와 같아서 여래의 옛날 인연을 능히 나타내었으니, 이것이 보살이 장차 탄생하시려는 셋째 신통변화입니다."

보살이 탄생하시려 할 때에 나타나는 신통변화는 실로 점입가경이다. 마야부인의 모든 모공마다에 여래께서 옛날에 보살의 도를 수행할 적에 일체 모든 부처님을 공경하고 공양하던 일을 다 나타내고, 또 부처님들의 법문 말씀하시는 음성을 듣던 일까지 다 나타내었다. 일체 존재의 존재 원리인 일미진중함시방一微塵中含十方의 이치를 처처에서 밝히고 있다. 이러한 이치는 일체 존재의 두두물물에 다 같이 적용되는 것이므로 곳곳에서 밝힌 것이다.

又善男子야 摩耶夫人 身諸毛孔에 一一皆現如
來往修菩薩行時所住世界의 城邑聚落과 山林河
海와 衆生劫數와 値佛出世와 入淨國土와 隨所受
生壽命長短과 依善知識修行善法과 於一切刹在
在生處에 摩耶夫人이 常爲其母하사 如是一切를 於
毛孔中에 靡不皆現이 是爲菩薩將欲誕生第四神
變이요

 "또 선남자여, 마야부인의 몸의 모든 모공에는 낱낱이 다 여래께서 옛날에 보살의 행을 닦을 적에 계시던 세계와 도시와 마을과 산과 숲과 강과 바다와 중생과 겁의 수효를 나타내었으며, 부처님이 세상에 나신 일과 깨끗한 국토에 들어가서 태어남을 따라 수명이 길고 짧음과 선지식을 의지하여 착한 법을 닦던 행과 모든 세계에서 태어날 적마다 마야부인이 항상 그의 어머니가 되던 이와 같은 모든 일이 모두 모공에 나타났으니, 이것이 보살이 장차 탄생하시려는 넷째 신통변화입니다."

　보살이 장차 탄생하시려는 셋째 신통변화와 같이 마야부인의 몸의 모공에서 나타나는 내용을 부연하여 밝혔다. 어떤 시간이든 어떤 공간이든 어떤 사물이든 어떤 사건이든 마야부인의 모공 속에 나타나지 않는 것이 없다.

又^우善^선男^남子^자야 摩^마耶^야夫^부人^인一^일一^일毛^모孔^공에 顯^현現^현如^여來^래

往^왕昔^석修^수行^행菩^보薩^살行^행時^시隨^수所^소生^생處^처色^색相^상形^형貌^모와 衣^의服^복

飮^음食^식苦^고樂^락等^등事^사하사 一^일一^일普^보現^현하야 分^분明^명辨^변了^료가 是^시

爲^위菩^보薩^살將^장欲^욕誕^탄生^생第^제五^오神^신變^변이요

　"또 선남자여, 마야부인의 낱낱 모공마다 여래께서

옛날에 보살의 행을 닦으실 적에 나셨던 곳을 따라 모습과 형상과 의복과 음식과 괴롭고 즐거운 일이 낱낱이 나타나서 분명하게 볼 수 있었으니, 이것이 보살이 장차 탄생하시려는 다섯째 신통변화입니다."

다섯째 신통변화도 셋째와 넷째 신통변화와 같이 마야부인의 모든 모공에서 일체 일을 나타내는 것이다.

又善男子야 摩耶夫人身諸毛孔에 一一皆現世尊往昔修施行時捨所難捨한 頭目耳鼻와 脣舌牙齒와 身體手足과 血肉筋骨과 男女妻妾과 城邑宮殿과 衣服瓔珞과 金銀寶貨의 如是一切內外諸物하시며 亦見受者의 形貌音聲과 及其處所가 是爲

보살장욕탄생제육신변
菩薩將欲誕生第六神變이요

"또 선남자여, 마야부인의 모든 모공마다 낱낱이 세존께서 옛날에 보시하는 행을 닦을 적에 버리기 어려운 머리와 눈과 귀와 코와 입술과 혀와 치아와 몸과 손과 발과 피와 살과 힘줄과 뼈와 아들과 딸과 아내와 첩과 도시와 궁전과 의복과 영락과 금과 은과 보화 따위의 이와 같은 일체의 모든 것을 버리던 일을 나타내었으며, 또 받는 이의 형상과 음성과 처소까지 보였으니, 이것이 보살이 장차 탄생하시려는 여섯째 신통변화입니다."

보살이 장차 탄생하시려는 여섯째 신통변화는 특별히 세존께서 옛날 온갖 것을 다 버려서 보시하던 일들이 마야부인의 모공에 낱낱이 다 나타난 것이다. 그 보시는 머리와 눈과 귀와 코와 입술과 혀와 치아와 몸과 손과 발과 피와 살과 힘줄과 뼈와 아들과 딸과 아내와 첩과 도시와 궁전 등 모두를 남김없이 보시하는 것이다. 중생들을 교화하기 위한 보시에 무엇인들 주지 못하겠는가.

又_善男子야 摩耶夫人이 入此園時에 其林이 普
現過去所有一切諸佛의 入母胎時國土園林과 衣
服華鬘과 塗香末香과 幡繒幢蓋와 一切衆寶莊嚴
之事와 妓樂歌詠上妙音聲하야 令諸衆生으로 普得
見聞이 是爲菩薩將誕生時第七神變이요

"또 선남자여, 마야부인이 이 동산에 들어올 적에 이 숲에는 지난 세상의 일체 모든 부처님들이 모태母胎에 드실 때의 국토와 숲과 동산과 의복과 화만과 바르는 향과 가루 향과 번기와 당기와 일산과 모든 보배로 장엄한 것이 모두 나타났고, 풍류와 노래와 아름다운 음성을 모든 중생들이 다 듣고 보게 되었으니, 이것이 보살이 장차 탄생하시려는 때의 일곱째 신통변화입니다."

마야부인의 일체 모공에서만 나타난 것이 아니라 룸비니 동산 숲에서도 지난 세상의 일체 모든 부처님들이 모태에 드

실 때의 국토와 숲과 동산과 의복과 화만과 바르는 향과 가루 향 등 일체가 다 나타났다. 또 그와 같은 것들을 모든 중생들에게 다 보고 듣게 하였다. 이것이 보살이 장차 탄생하시려는 때의 일곱째 신통변화이다.

又_우善_선男_남子_자야 摩_마耶_야夫_부人_인이 入_입此_차園_원時_시에 從_종其_기身_신出_출
菩_보薩_살所_소住_주摩_마尼_니寶_보王_왕宮_궁殿_전樓_누閣_각이 超_초過_과一_일切_체天_천龍_룡
夜_야叉_차乾_건闥_달婆_바阿_아修_수羅_라迦_가樓_루羅_라緊_긴那_나羅_라摩_마睺_후羅_라伽_가와 及_급
諸_제人_인王_왕之_지所_소住_주者_자하사 寶_보網_망覆_부上_상하고 妙_묘香_향普_보熏_훈하며
衆_중寶_보莊_장嚴_엄하야 內_내外_외淸_청淨_정하며 各_각各_각差_차別_별호대 不_불相_상雜_잡
亂_란하야 周_주帀_잡徧_변滿_만嵐_람毘_비尼_니園_원이 是_시爲_위菩_보薩_살將_장誕_탄生_생時_시
第_제八_팔神_신變_변이요

"또 선남자여, 마야부인이 이 동산에 들어올 적에 그 몸으로부터 보살이 거주하는 마니보배로 된 궁전과 누각을 내었는데, 모든 천신과 용과 야차와 건달바와 아수라와 가루라와 긴나라와 마후라가와 사람의 왕이 거처하는 데보다 뛰어났으며, 보배 그물을 위에 덮고 묘한 향기가 두루 풍기며, 여러 보배로 장엄하여 안팎이 청정하고 제각기 달라서 서로 섞이지 않고, 람비니 동산에 두루 가득하였으니, 이것이 보살이 장차 탄생하시려는 때의 여덟째 신통변화입니다."

이번에는 마야부인의 몸으로부터 보살이 거주하는 마니보배로 된 궁전과 누각을 내었다. 그 누각은 보배 그물을 위에 덮고 묘한 향기가 두루 풍기며 여러 보배로 장엄하여 안팎이 청정하였다. 이것이 보살이 장차 탄생하시려는 때의 여덟째 신통변화이다.

우 선 남 자　마 야 부 인　입 차 원 시　종 기 신 출
又善男子야 **摩耶夫人**이 **入此園時**에 **從其身出**

십불가설백천억나유타불찰미진수보살
十不可說百千億那由他佛刹微塵數菩薩하시니

기제보살 신형용모   상호광명   진지위의
其諸菩薩의 **身形容貌**와 **相好光明**과 **進止威儀**와

신통권속   개여비로자나보살   등무유이
神通眷屬이 **皆與毘盧遮那菩薩**로 **等無有異**하야

실공동시   찬탄여래   시위보살장탄생시제구
悉共同時에 **讚歎如來**가 **是爲菩薩將誕生時第九**

신변
神變이요

"또 선남자여, 마야부인이 이 동산에 들어올 적에 그 몸에서 열 말할 수 없는 백천억 나유타 세계의 미진수 보살을 내었는데 그 보살들의 형상과 용모와 잘생긴 모습과 광명과 앉고 서는 위의威儀와 신통과 권속들이 모두 비로자나보살과 동등하여 다르지 않았으며 다 한꺼번에 여래를 찬탄하였으니, 이것이 보살이 장차 탄생하시려는 때의 아홉째 신통변화입니다."

마야부인은 또 그의 몸에서 열 말할 수 없는 백천억 나유타 세계의 미진수 보살들을 내었다. 이것이 보살이 장차 탄

생하시려는 때의 아홉째 신통변화이다.

又善男子_야 摩耶夫人_이 將欲誕生菩薩之時_에
忽於其前_에 從金剛際_로 出大蓮華_{하니} 名爲一切
寶莊嚴藏_{이라} 金剛爲莖_{하며} 衆寶爲鬚_{하며} 如意寶
王_{으로} 以爲其臺_{하며} 有十佛刹微塵數葉_이 一切皆
以摩尼所成_{이며} 寶網寶蓋_로 以覆其上_{하야}

"또 선남자여, 마야부인이 장차 보살을 탄생하려 할 때에 문득 그 앞에 금강이 있는 데로부터 큰 연꽃이 솟아났으니 이름이 '일체 보배로 장엄한 창고'였습니다. 금강으로 줄기가 되고, 여러 보배로 꽃술이 되고, 여의 보배로 꽃판이 되었으며, 열 세계의 미진수 잎은 모두 마니로 되었고, 보배 그물과 보배 일산이 그 위에 덮이었습니다."

일체천왕 소공집지 일체용왕 강주향우
一切天王의 所共執持하며 一切龍王이 降注香雨하며

일체야차왕 공경위요 산제천화 일
一切夜叉王이 恭敬圍繞하야 散諸天華하며 一

체건달바왕 출미묘음 가찬보살 왕석공
切乾闥婆王이 出微妙音하야 歌讚菩薩의 往昔供

양제불공덕 일체아수라왕 사교만심 계
養諸佛功德하며 一切阿修羅王이 捨憍慢心하고 稽

수경례
首敬禮하며

"모든 천왕이 함께 받들었고, 모든 용왕은 향기 비[香雨]를 내리고, 모든 야차왕은 공경하며 둘러싸고 하늘 꽃을 흩고, 모든 건달바왕은 아름다운 음성으로 보살이 옛날에 부처님께 공양하던 공덕을 찬탄하고, 모든 아수라왕은 교만한 마음을 버리고 머리를 조아려 경례하고,

일체가루라왕 수보증번 변만허공 일
一切迦樓羅王이 垂寶繒幡하야 徧滿虛空하며 一

체 긴 나 라 왕 환 희 첨 앙   가영찬탄보살공덕
切緊那羅王이 歡喜瞻仰하야 歌詠讚歎菩薩功德

 일체마후라가왕 개생환희   가영찬탄
하며 一切摩睺羅伽王이 皆生歡喜하야 歌詠讚歎하고

보우일체보장엄운 시위보살장탄생시제십신
普雨一切寶莊嚴雲이 是爲菩薩將誕生時第十神

변
變이니라

　모든 가루라왕은 보배 번기를 드리워 허공에 가득하고, 모든 긴나라왕은 환희하여 앙모하면서 보살의 공덕을 노래하며 찬탄하고, 모든 마후라가왕은 모두 환희하여 노래하고 찬탄하며 모든 보배 장엄 구름을 비처럼 내렸으니, 이것이 보살이 장차 탄생하시려는 때의 열째 신통변화입니다."

　마지막 열째 신통변화는 마야부인이 장차 이 보살을 탄생하려 할 때에 큰 연꽃이 솟아났음을 밝혔다. 부처님이 이 세상에 오셔서 진리의 가르침을 널리 펴신 뜻을 나타내는 것은 여러 가지로 표현된다. 큰 연꽃이 나왔다는 것은 부처님이 세상에 출현하신 뜻을 이 연꽃 하나로 표현한 것이다. 그러므로 연꽃을 불교의 꽃이라 하는 것이다.

연꽃을 다시 한번 상기해 본다. 인도에서 연꽃의 종류에는 우발라화 · 구물두화 · 파두마화 · 분타리화의 4종이 있고 니로발라를 더하여 5종인데 이것을 다 연꽃이라 번역한다. 보통 연꽃이라 하는 것은 분타리화, 즉 백련화를 말한다.

불교적 의미에 있어서는 흔히 처염상정處染常淨과 화과동시花果同時를 말한다. 연꽃은 진흙 속에서 피지만 진흙을 묻히지 않고 항상 깨끗하다. 처염상정處染常淨은 그와 같이 불법은 세상의 온갖 더러움과 함께 하지만 그 더러움에 물들지 않는 것을 말한다. 또 화과동시花果同時라 하는데 연꽃은 꽃이 맺힐 때 그 열매도 함께 맺힌다. 그와 같이 중생의 삼독 속에 이미 부처님의 청정성이 함께하고 있기 때문에 사람을 본래 부처님이라고 하는 것이다. 이와 같은 이치에서 연꽃을 불교의 꽃이라 한다.

5) 보살의 탄생을 밝히다

善男子_야 嵐毘尼園_에 示現如是十種相已_한 然
(선남자) (람비니원) (시현여시십종상이) (연)

後菩薩_의 其身誕生_{하시니} 如虛空中_에 現淨日輪_{하며}
(후보살) (기신탄생) (여허공중) (현정일륜)

如高山頂_에 出於慶雲_{하며} 如密雲中_에 而耀電光
(여고산정) (출어경운) (여밀운중) (이요전광)

_{하며} 如夜暗中_에 而然大炬_{하야} 爾時菩薩_이 從母脇
(여야암중) (이연대거) (이시보살) (종모협)

生_한 身相光明_도 亦復如是_라
(생) (신상광명) (역부여시)

"선남자여, 람비니 동산에서 이와 같은 열 가지 모양이 나타난 뒤에 보살의 몸이 탄생하시니, 마치 공중에 찬란한 해가 뜨는 듯하며, 높은 산 위에서 경사스러운 구름이 일어나는 듯하며, 여러 겹 쌓인 구름 속에서 번개 빛이 비치는 듯하며, 어두운 밤에 큰 횃불을 밝히는 듯하여, 그때에 보살이 어머니의 옆구리에서 태어나시는 몸의 모습의 광명도 또한 그와 같았습니다."

열 가지 모양이 나타난 뒤에 보살이 탄생하시는 모습을

비유하였는데 "마치 공중에 찬란한 해가 뜨는 듯하며, 높은 산 위에서 경사스러운 구름이 일어나는 듯하며, 여러 겹 쌓인 구름 속에서 번개 빛이 비치는 듯하며, 어두운 밤에 큰 횃불을 밝히는 듯하다."고 하였다. 하지만 부처님이 세상에 탄생하신 것을 그 의미와 공덕을 생각한다면 어찌 이와 같은 비유로 다 표현되겠는가.

善男子야 菩薩이 爾時에 雖現初生이나 悉已了達一切諸法이 如夢如幻하며 如影如像하며 無來無去하며 不生不滅하니라

"선남자여, 보살이 그때에 비록 처음으로 태어나셨지마는 일체 모든 법이 꿈과 같고 환술과 같고 그림자와 같고 영상과 같아서, 오는 것도 없고 가는 것도 없고 나지도 않고 멸하지도 않은 것임을 다 이미 통달하였습니다."

"보살이 비록 처음으로 태어나셨지마는 일체 모든 법이 꿈과 같고 환술과 같고 그림자와 같고 영상과 같아서, 오는 것도 없고 가는 것도 없고 나지도 않고 멸하지도 않은 것임을 다 이미 통달하였다."고 하였다. 이것이 어찌된 일인가. 평생을 통해서 불법의 이치를 공부하였으나 제행무상諸行無常의 이치 하나 알지 못하는 것을 태어나자마자 갓난아기가 이와 같은 이치를 이미 통달하였다고 하였다.

善男子야 當我見佛이 於此四天下閻浮提內嵐
毘尼園에 示現初生種種神變時하야

"선남자여, 제가 부처님이 이 사천하의 염부제에 있는 람비니 동산에서 처음으로 탄생하시면서 갖가지 신통변화가 나타나는 것을 볼 때를 맞이하여

亦見如來가 於三千大千世界百億四天下閻
浮提內嵐毘尼園中에 示現初生種種神變하며

또한 여래께서 삼천대천세계 백억 사천하의 염부제에 있는 람비니 동산에서 처음으로 탄생하시면서 갖가지 신통변화를 나타내는 것을 보았으며,

亦見三千大千世界一一塵中無量佛刹하며

또한 삼천대천세계 낱낱 미진 속의 한량없는 세계를 보았으며,

亦見百佛世界와 千佛世界와 乃至十方一切
世界一一塵中無量佛刹인 如是一切諸佛刹中에

개 유 여 래   시 현 수 생 종 종 신 변   여 시 염 념 상
皆有如來가 **示現受生種種神變**하야 **如是念念常**

무 간 단
無間斷호라

또 일백 세계와 일천 세계와 내지 시방 일체 세계의 낱낱 미진 속 한량없는 세계의 이와 같은 일체 모든 세계 가운데에서 다 여래가 태어나시는 가지가지 신통변화를 나타내는 것을 보아, 이와 같이 잠깐잠깐도 끊어지지 아니하였습니다."

람비니림신 선지식은 부처님이 이 사천하의 염부제에 있는 람비니 동산에서 처음으로 탄생하시면서 갖가지 신통변화가 나타나는 것을 볼 때, 다른 여러 가지 현상까지 다 같이 보게 되었음을 밝혔다.

6) 해탈의 근원을 밝히다

시   선 재 동 자   백 피 신 언   대 천   득 차 해
時에 **善財童子**가 **白彼神言**호대 **大天**하 **得此解**

脫이 其已久如니잇고 答言하사대 善男子야 乃往古世에 過億佛刹微塵數劫하고 復過是數하야 時有世界하니 名爲普寶요 劫名悅樂이어든 八十那由他佛이 於中 出現하시니 其第一佛이 名自在功德幢이라 十號具 足이시며 彼世界中에 有四天下하니 名妙光莊嚴이요

이때에 선재동자는 저 신에게 말하였습니다. "큰 천신께서 이 해탈을 얻은 지는 얼마나 오래되었습니까?" 람비니림신이 대답하였습니다. "선남자여, 지나간 옛적 일억 세계의 미진수 겁을 지나고 또 그만한 겁을 지나서 세계가 있었으니 이름이 보보普寶요, 겁의 이름은 열락悅樂이었는데, 팔십 나유타 부처님이 그 가운데 출현하시었습니다. 그 첫 부처님 이름은 자재공덕당自在功德幢으로서 열 가지 명호를 구족하였고, 그 세계 가운데 사천하가 있으니 이름이 묘광장엄妙光莊嚴이었습니다."

其四天下閻浮提中에 有一王都하니 名須彌莊嚴幢이요 其中有王하니 名寶焰眼이요 其王夫人은 名曰喜光이라

"그 사천하 염부제에 한 왕도가 있으니 이름이 수미장엄당須彌莊嚴幢이요, 그 나라에 왕이 있으니 이름이 보염안寶焰眼이요, 그 왕의 부인은 이름이 희광喜光이었습니다."

善男子야 如此世界摩耶夫人이 爲毘盧遮那如來之母하야 彼世界中에 喜光夫人이 爲初佛母도 亦復如是하니라

"선남자여, 이 세계에서 마야부인이 비로자나 여래의 어머니가 되는 것처럼 저 세계에서는 희광부인이 첫 부

처님의 어머니가 되신 것도 또한 이와 같았습니다."

善男子야 其喜光夫人이 將欲誕生菩薩之時에 與二十億那由他婇女로 詣金華園할새 園中에 有樓하니 名妙寶峯이요 其邊에 有樹하니 名一切施라 喜光夫人이 攀彼樹枝하고 而生菩薩하니라

"선남자여, 그 희광부인이 장차 보살을 탄생하려는 때에 이십억 나유타 채녀들과 함께 금꽃 동산에 나아갔는데, 동산에 누각이 있으니 이름이 묘보봉妙寶峯이요, 그 곁에 나무가 있으니 이름이 일체시一切施였습니다. 희광부인이 그 나뭇가지를 붙잡고 보살을 낳으시었습니다."

諸天王衆이 各持香水하야 共以洗沐할새 時有

乳母하니 名爲淨光이라 侍立其側이러니 旣洗沐已에 諸天王衆이 授與乳母한대 乳母敬受하야 生大歡喜하야 卽得菩薩普眼三昧하고

"여러 천왕이 각각 향수로써 목욕시키니, 그때 유모가 있었는데 이름이 정광淨光이었습니다. 유모가 그 곁에 있었는데 이미 목욕을 마치고 나서 여러 천왕이 보살을 유모에게 주었고, 유모는 보살을 공경히 받들고 매우 기뻐하면서 곧 '보살의 넓은 눈 삼매[菩薩普眼三昧]'를 얻었습니다."

得此三昧已에 普見十方無量諸佛하며 復得菩薩於一切處示現受生自在解脫하니 如初受胎識이 速疾無礙하야 得此解脫故로 見一切佛이 乘本願

력　수생자재　　역부여시
力하야 受生自在도 亦復如是하니라

"이 삼매를 얻고 나서 시방의 한량없는 여러 부처님을 널리 보고, 다시 보살이 여러 곳에서 태어나는 것을 나타내는 자재한 해탈을 얻었는데, 처음 태에 드는 의식意識이 걸림 없이 빠른 것같이 하였고, 이 해탈을 얻은 연고로 모든 부처님들이 본래 서원한 힘을 의지하여 자재하게 태어나는 것을 보는 것도 또한 이와 같이 하였습니다."

선남자　어여의운하　　피유모자　　기이인호
善男子야 於汝意云何오 彼乳母者는 豈異人乎아

아신　시야　아종시래　　염념상견비로자나불
我身이 是也니 我從是來로 念念常見毘盧遮那佛

　시현보살수생해　　조복중생자재신력
의 示現菩薩受生海와 調伏衆生自在神力하니

"선남자여, 그대는 어떻게 생각합니까. 그 유모는 다른 이가 아니라 내 몸이었습니다. 저는 그때부터 잠깐잠깐마다 비로자나불이 보살로 태어나는 바다와 중생을

조복하는 자재한 신통을 항상 보았으며,

여건비로자나불　　승본원력　　염념어차삼
如見毘盧遮那佛이 **乘本願力**하사 **念念於此三**

천대천　　내지시방일체세계미진지내　　개현
千大千과 **乃至十方一切世界微塵之內**에 **皆現**

보살수생신변　　건일체불　　실역여시　　아
菩薩受生神變하야 **見一切佛**도 **悉亦如是**하야 **我**

개공경승사공양　　청소설법　　여설수행
皆恭敬承事供養하야 **聽所說法**도 **如說修行**호라

비로자나불이 본래의 서원한 힘을 의지하여 잠깐잠깐마다 이 삼천대천세계와 내지 시방 모든 세계의 미진 속에서 보살로 태어나면서 신통변화를 나타냄을 보는 것처럼 모든 부처님도 다 또한 그와 같이 보고, 제가 다 공경하고 받들어 섬기면서 공양하고, 말씀하시는 법을 듣고 말씀하신 대로 수행하였습니다."

람비니림신이 자신이 과거에 수행한 것을 밝혔다. 람비니림신 선지식은 과거 무수한 겁 이전에 자재공덕당自在功德幢

부처님이 출현하실 적에 유모가 되었다. 부처님이 처음 탄생하시자 곧 천왕들이 부처님을 목욕시켜서 유모에게 주었고, 유모는 부처님을 공경히 받들고 매우 기뻐하면서 곧 '보살의 넓은 눈 삼매[菩薩普眼三昧]'를 얻게 되었다. 그 유모는 그때부터 잠깐잠깐마다 비로자나불이 보살로 태어나는 바다와 중생을 조복하는 자재한 신통을 항상 보았으며, 모든 부처님을 공경하고 받들어 섬기면서 공양하고, 말씀하시는 법을 듣고 말씀하신 대로 수행하였다. 이것이 람비니림신 선지식이 과거에 수행하신 내역이다.

7) 람비니림신이 그 뜻을 게송으로 거듭 펴다

時에 嵐毘尼林神이 欲重宣此解脫義하사 承佛神力하야 普觀十方하고 而說頌言

그때에 람비니 숲의 신이 이 해탈의 뜻을 거듭 펴려고 부처님의 신통한 힘을 받들어 시방을 관찰하고 게송을 말하였습니다.

불자여소문	제불심심경
佛子汝所問	**諸佛甚深境**을
여금응청수	아설기인연
汝今應聽受어다	**我說其因緣**호리라

불자여, 그대가 물은

모든 부처님의 깊고 깊은 경지를

그대는 지금 자세히 들으십시오.

제가 그 인연을 말하겠습니다.

과억찰진겁	유겁명열락
過億刹塵劫하야	**有劫名悅樂**이라
팔십나유타	여래출흥세
八十那由他	**如來出興世**하시니

억 세계 티끌 수 겁 전에

열락悅樂이라는 겁이 있었으니

팔십 나유타 여래께서

그 세상에 출현하시었습니다.

최초여래호	자재공덕당
最初如來號가	**自在功德幢**이라
아재금화원	견피초생일
我在金華園하야	**見彼初生日**하고

최초 여래의 명호가

자재공덕당이시니

저는 금꽃 동산에서

그가 처음 탄생하심을 보았습니다.

아시위유모	지혜극총리
我時爲乳母하야	**智慧極聰利**러니
제천수여아	보살금색신
諸天授與我	**菩薩金色身**이어늘

저는 그때 유모로서

지혜 있고 매우 총명했는데

천왕들이 금빛 보살을

저에게 주었습니다.

아 시 질 봉 지
我時疾捧持하야

체 관 불 견 정
諦觀不見頂과

신 상 개 원 만
身相皆圓滿하야

일 일 무 변 제
一一無邊際하며

저는 그때 빨리 받들어서

무견정상無見頂相과

몸의 모습 다 원만함을 자세히 보니

낱낱이 끝닿은 데 없었습니다.

이 게송은 아래와 같이 번역할 수도 있다.

"저는 그때 빨리 받들어서

자세히 보아도 이마를 볼 수 없었고

몸의 모습 다 원만하여

낱낱이 끝닿은 데 없었습니다."

이 번역은 불견정不見頂이라는 구절의 무견정상無見頂相에 대한 해석 때문이다. 본래 무견정상無見頂相을 사전에서는 "부처님 32상相의 하나다. 육계상肉髻相과 같다. 부처님의 정골頂骨이 솟아 저절로 상투 모양이 된 것을 말한다. 이 모양은 인간이나 천상에서는 볼 수 없는 것이므로 무견정상이라 한다."라고 하였다. 그러나 전하는 말에는 마야부인이 싯다르타를 받아서 이마를 보려고 하니 이마가 끝없이 늘어나서 도저히 그 끝을 볼 수 없었다고 하여 "자세히 보아도 이마를 볼 수 없었다."라고 한 것이다. 이것은 이 세상에서 그 누구도 부처님의 높은 깨달음의 경지를 알 수 없다는 의미에서 전해진 말이리라.

　　이 구 청 정 신
　　離垢淸淨身에

　　상 호 이 장 엄
　　相好以莊嚴이

　　비 여 묘 보 상
　　譬如妙寶像하고

　　견 이 자 흔 경
　　見已自欣慶호라

때 없이 청정한 몸
거룩한 모습으로 장엄했으니
마치 미묘한 보배로 된 형상처럼
보고 나서 스스로 기뻐하였습니다.

사유피공덕	질증중복해
思惟彼功德하야	**疾增衆福海**하며
견차신통사	발대보리심
見此神通事하고	**發大菩提心**호라

그 공덕 생각하니

모든 복 바다를 빨리 증장하며

이 신통한 일을 보고

큰 보리심을 발했습니다.

전구불공덕	증광제대원
專求佛功德하며	**增廣諸大願**하야
엄정일체찰	멸제삼악도
嚴淨一切刹하며	**滅除三惡道**호라

오로지 부처님의 공덕 구하고

모든 큰 서원 더 넓히었으며

모든 세계 깨끗이 장엄하여

삼악도를 없애 버렸습니다.

보어시방토	공양무수불
普於十方土에	**供養無數佛**하고
수행본서원	구탈중생고
修行本誓願하야	**救脫衆生苦**호라

시방의 모든 국토에서

수없는 부처님께 공양하며

본래의 서원 닦아 행하여

중생들의 고통을 건져 줍니다.

아어피불소	문법득해탈
我於彼佛所에	**聞法得解脫**하야
억찰미진수	무량겁수행
億刹微塵數	**無量劫修行**하며

저는 그 부처님에게

법문 듣고 해탈 얻어

억 세계의 티끌 수처럼

한량없는 겁에 수행하였습니다.

겁 중 소 유 불
劫中所有佛을

아 실 증 공 양
我悉曾供養하고

호 지 기 정 법
護持其正法하야

정 차 해 탈 해
淨此解脫海호라

그런 겁 동안 계시는 부처님께

저는 모두 일찍이 공양하고

그의 바른 법 보호하여

이 해탈의 바다를 청정하게 하였습니다.

억 찰 미 진 수
億刹微塵數

과 거 십 력 존
過去十力尊에

진 지 기 법 륜
盡持其法輪하야

증 명 차 해 탈
增明此解脫호라

억 세계 미진수 겁에

과거에 부처님이 계시는 데서

그 법의 바퀴 모두 가져서

이 해탈을 더욱 밝게 하였습니다.

아 어 일 념 경	견 차 찰 진 중
我於一念頃_에	見此刹塵中_에

아 어 일 념 경　　　　견 차 찰 진 중
我於一念頃에　　　　**見此刹塵中**에

일 일 유 여 래　　　　소 정 제 찰 해
一一有如來의　　　　**所淨諸刹海**어든

저는 잠깐 동안에

이 세계의 티끌 속에 계시는

낱낱 여래께서 청정하게 한

모든 세계 바다를 봅니다.

찰 내 실 유 불　　　　원 중 시 탄 생
刹內悉有佛이　　　　**園中示誕生**하사

각 현 부 사 의　　　　광 대 신 통 력
各現不思議　　　　　**廣大神通力**하며

그 세계마다 모두 부처님이 계셔서

동산에서 탄생하시며

각각 부사의하고 광대한

신통력을 나타내었습니다.

혹견부사의   억찰제보살
或見不思議   **億刹諸菩薩**이

주어천궁상   장증불보리
住於天宮上하야   **將證佛菩提**하며

어떤 때는 헤아릴 수 없는

억 세계의 여러 보살들이

천궁에 계시면서

부처님의 보리를 장차 증득하려고

무량찰해중   제불현수생
無量刹海中에   **諸佛現受生**하사

설법중위요   어차아개견
說法衆圍繞를   **於此我皆見**호라

한량없는 세계 바다에서

부처님들 탄생하시고

대중에게 둘러싸여 설법하심을

여기서 저는 모두 보았습니다.

일념견억찰	미진수보살
一念見億刹	**微塵數菩薩**이
출가취도량	시현불경계
出家趣道場하야	**示現佛境界**하며

잠깐 동안에

억 세계의 티끌 수 보살이

출가하여 도량에 나아가

부처님 경계 나타냄을 보며

아견찰진내	무량불성도
我見刹塵內에	**無量佛成道**하사
각현제방편	도탈고중생
各現諸方便하야	**度脫苦衆生**하시며

저는 세계의 티끌 속에서

한량없는 부처님이 성도하시고

여러 가지 방편 나타내어

괴로운 중생을 건지심을 봅니다.

일일미진중	제불전법륜
一一微塵中에	**諸佛轉法輪**하사

실이무진음	보우감로법
悉以無盡音으로	**普雨甘露法**호라

낱낱 티끌 속에서

모든 부처님들 법륜 굴리며

다 같이 그지없는 음성으로

감로법을 널리 비 내립니다.

억찰미진수	일일찰진내
億刹微塵數의	**一一刹塵內**에

실견어여래	시현반열반
悉見於如來가	**示現般涅槃**호라

억 세계 미진수의

낱낱 세계의 티끌 속에서

모두 다 여래께서

열반에 드심을 보았습니다.

여 시 무 량 찰
如是無量刹에

여 래 시 탄 생
如來示誕生이어시든

이 아 실 분 신
而我悉分身하야

현 전 흥 공 양
現前興供養하며

이와 같이 한량없는 세계에

여래께서 탄생하시는 대로

저는 몸을 나누어

그 앞에 나타나서 공양하였습니다.

부 사 의 찰 해
不思議刹海

무 량 취 차 별
無量趣差別에

아 실 현 기 전
我悉現其前하야

우 어 대 법 우
雨於大法雨호라

부사의한 세계 바다

한량없는 길 각각 다른데

저는 그 앞에 나타나

큰 법의 비를 내렸습니다.

불 자 아 지 차	난 사 해 탈 문
佛子我知此	**難思解脫門**이로니
무 량 억 겁 중	칭 양 불 가 진
無量億劫中에	**稱揚不可盡**이로다

불자여, 저는

이 부사의한 해탈문을 알지만

한량없는 겁 동안

칭양하여도 다할 수 없습니다.

룸비니 동산을 맡은 람비니림신 선지식은 자신이 과거 오랜 세월 전에 얻은 해탈에 대해서 다시 게송으로 설명하였다. 무수 억겁 전에 팔십 나유타 여래가 세상에 출현하셨는데 그 최초의 여래가 탄생하셨을 때 유모가 되었다. 유모가 되었으므로 여래의 몸의 모습을 자세히 살펴보고는 뛰어난 상호로 장엄한 복덕의 몸에 대해서 큰 환희심을 발하게 되었다. 그러고는 여래의 공덕을 사유하고 자신의 온갖 복덕을 증장하였으니, 세상을 청정하게 장엄하고 세상의 여러 가지 악을 소멸하였다. 그리고 또한 시방세계의 무수한 부처님께 공양 올리고 보살의 서원을 닦아 중생들의 온갖 고통을 소

멸하였다. 이와 같은 등의 갖가지 수행을 닦아 오늘에 이르렀음을 거듭 밝혔다.

3) 자기는 겸손하고 다른 이의 수승함을 추천하다

善男子_야 我唯知此菩薩於無量劫徧一切處示現受生自在解脫_{이어니와} 如諸菩薩摩訶薩_은 能以一念_{으로} 爲諸劫藏_{하야} 觀一切法_{하며}

"선남자여, 저는 다만 이 보살의 한량없는 겁의 모든 곳에서 태어나는 자재한 해탈을 알거니와 다른 모든 보살마하살은 능히 일념 동안 모든 겁의 곳집을 삼아서 온갖 법을 관찰하고,

以善方便_{으로} 而現受生_{하야} 周徧供養一切諸

佛하며 究竟通達一切佛法하며 於一切趣에 皆現受生하며 一切佛前에 坐蓮華座하며

　좋은 방편으로 일부러 태어나서 일체 모든 부처님께 두루 공양하며, 모든 불법을 끝까지 통달하고, 모든 길에 다 태어남을 나타내어, 여러 부처님 앞에서 연꽃 자리에 앉으며,

知諸衆生의 應可度時하야 爲現受生하야 方便調伏하며 於一切刹에 現諸神變호대 猶如影像하며 悉現其前하나니 我當云何能知能說彼功德行이리오

　모든 중생을 제도할 시기를 알고는 일부러 태어나서 방편으로 조복하며, 여러 세계에서 신통변화를 나타내되 마치 그림자와 같이 그 앞에 나타나나니, 제가 그 공덕의 행을 어떻게 능히 알며 능히 말할 수 있겠습니까."

4) 다음 선지식 찾기를 권유하다

善男子야 此迦毘羅城에 有釋種女하니 名曰瞿波니 汝詣彼問호대 菩薩이 云何於生死中에 教化衆生이릿고하라 時에 善財童子가 頂禮其足하며 繞無數帀하며 殷勤瞻仰하고 辭退而去하니라

"선남자여, 이 가비라 성중에 석종釋種의 여자가 있으니 이름이 '구파瞿波'입니다. 그대는 그에게 가서 '보살이 어떻게 나고 죽는 속에서 중생을 교화합니까?'라고 물으십시오." 그때에 선재동자는 그의 발에 엎드려 절하고 수없이 돌고 은근하게 앙모하면서 하직하고 물러갔습니다.

입법계품 15 끝

〈제74권 끝〉

華嚴經 構成表

分次	周次			內容	品數	會次
舉果勸樂生信分 (信)	所信因果周			如來依正	世主妙嚴品 第一 如來現相品 第二 普賢三昧品 第三 世界成就品 第四 華藏世界品 第五 毘盧遮那品 第六	初會
修因契果生解分 (解)	差別因果周	差別因		十信	如來名號品 第七 四聖諦品 第八 光明覺品 第九 菩薩問明品 第十 淨行品 第十一 賢首品 第十二	二會
				十住	昇須彌山頂品 第十三 須彌頂上偈讚品 第十四 十住品 第十五 梵行品 第十六 初發心功德品 第十七 明法品 第十八	三會
				十行	昇夜摩天宮品 第十九 夜摩天宮偈讚品 第二十 十行品 第二十一 十無盡藏品 第二十二	四會
				十迴向	昇兜率天宮品 第二十三 兜率宮中偈讚品 第二十四 十迴向品 第二十五	五會
				十地	十地品 第二十六	六會
				等覺	十定品 第二十七 十通品 第二十八 十忍品 第二十九 阿僧祇品 第三十 如來壽量品 第三十一 菩薩住處品 第三十二	七會
		差別果		妙覺	佛不思議法品 第三十三 如來十身相海品 第三十四 如來隨好光明功德品 第三十五	
	平等因果周	平等因			普賢行品 第三十六	
		平等果			如來出現品 第三十七	
託法進修成行分 (行)	成行因果周			二千行門	離世間品 第三十八	八會
依人證入成德分 (證)	證入因果周			證果法門	入法界品 第三十九	九會

(資料：文殊經典研究會)

會場	放光別	會主	入定別	說法別舉
菩提場	遮那放齒光眉間光	普賢菩薩為會主	入毘盧藏身三昧	如來依正法
普光明殿	世尊放兩足輪光	文殊菩薩為會主	此會不入定，信未入位故	十信法
忉利天宮	世尊放兩足指光	法慧菩薩為會主	入無量方便三昧	十住法門
夜摩天宮	如來放兩足趺光	功德林菩薩為會主	入菩薩善思惟三昧	十行法門
兜率天宮	如來放兩膝輪光	金剛幢菩薩為會主	入菩薩智光三昧	十廻向法門
他化天宮	如來放眉間毫相光	金剛藏菩薩為會主	入菩薩大智慧光明三昧	十地法門
再會普光明殿	如來放眉間口光	如來為會主	入剎那際三昧	等妙覺法門
三會普光明殿	此會佛不放光，表行依解法依解光故	普賢菩薩為會主	入佛華莊嚴三昧	二千行門
祇陀園林	放眉間白毫光	如來善友為會主	入獅子頻申三昧	果法門

如天 無比

1943년 영덕에서 출생하여. 1958년 출가하여 덕흥사, 불국사, 범어사를 거쳐 1964년 해인사 강원을 졸업하고 동국역경연수원에서 수학하였다. 10여 년 선원생활을 하고 1976년 탄허스님에게 화엄경을 수학하고 전법, 이후 통도사 강주, 범어사 강주, 은해사 승가대학원장, 대한불교조계종 교육원장, 동국역경원장, 동화사 한문불전승가대학원장 등을 역임하였다. 2018년 5월에는 수행력과 지도력을 갖춘 승랍 40년 이상 되는 스님에게 품서되는 대종사 법계를 받았다.

현재 부산 문수선원 문수경전연구회에서 150여 명의 스님과 300여 명의 재가 신도들에게 화엄경을 강의하고 있다. 또한 다음 카페 '염화실'(http://cafe.daum.net/yumhwasil)을 통해 '모든 사람을 부처님으로 받들어 섬김으로써 이 땅에 평화와 행복을 가져오게 한다.'는 인불사상(人佛思想)을 펼치고 있다.

저서로『대방광불화엄경 실마리』,『무비스님의 왕복서 강설』,『무비스님이 풀어 쓴 김시습의 법성게 선해』,『법화경 법문』,『신금강경 강의』,『직지 강설』(전 2권),『법화경 강의』(전 2권),『신심명 강의』,『임제록 강설』,『대승찬 강설』,『유마경 강설』,『당신은 부처님』,『사람이 부처님이다』,『이것이 간화선이다』,『무비 스님과 함께하는 불교공부』,『무비 스님의 증도가 강의』,『일곱 번의 작별인사』, 무비 스님이 가려 뽑은 명구 100선 시리즈(전 4권) 등이 있고 편찬하고 번역한 책으로『화엄경(한글)』(전 10권),『화엄경(한문)』(전 4권),『금강경 오가해』등이 있다.

대방광불화엄경 강설 제74권

| 초판 1쇄 발행_ 2017년 11월 30일
| 초판 2쇄 발행_ 2020년 3월 2일

| 지은이_ 여천 무비(如天 無比)
| 펴낸이_ 오세룡
| 편집_ 박성화 손미숙 김정은 김영미
| 기획_ 최은영 곽은영
| 디자인_ 고혜정 김효선 장혜정
| 홍보 마케팅_ 이주하
| 펴낸곳_ 담앤북스
　　　서울특별시 종로구 새문안로3길 23 경희궁의 아침 4단지 805호
　　　대표전화 02)765-1251 전송 02)764-1251 전자우편 damnbooks@hanmail.net
　　　출판등록 제300-2011-115호
| ISBN 979-11-6201-018-1 04220

정가 14,000원

ⓒ 무비스님 2017